EXORTAÇÃO APOSTÓLICA
PÓS-SINODAL

VITA CONSECRATA

EXORTAÇÃO APOSTÓLICA
PÓS-SINODAL

VITA CONSECRATA

DO SANTO PADRE

JOÃO PAULO II

AO EPISCOPADO E AO CLERO
ÀS ORDENS E CONGREGAÇÕES RELIGIOSAS
ÀS SOCIEDADES DE VIDA APOSTÓLICA
AOS INSTITUTOS SECULARES
E A TODOS OS FIÉIS
SOBRE A VIDA CONSAGRADA E A SUA MISSÃO
NA IGREJA E NO MUNDO

© Amministrazione
del Patrimonio della Santa Sede Apostolica
© Dicastero per la Comunicazione -
Libreria Editrice Vaticana, 1996
Publicação autorizada © Conferência Nacional dos Bispos do Brasil

6ª edição – 2009
6ª reimpressão – 2025

Nenhuma parte desta obra poderá ser reproduzida ou transmitida por qualquer forma e/ou quaisquer meios (eletrônico ou mecânico, incluindo fotocópia e gravação) ou arquivada em qualquer sistema ou banco de dados sem permissão escrita da Editora. Direitos reservados.

Cadastre-se e receba nossas informações
paulinas.com.br
Telemarketing e SAC: 0800-7010081

Paulinas
Rua Dona Inácia Uchoa, 62
04110-020 – São Paulo – SP (Brasil)
📞 (11) 2125-3500
✉ editora@paulinas.com.br

© Pia Sociedade Filhas de São Paulo – São Paulo, 1996

INTRODUÇÃO

1. A VIDA CONSAGRADA, profundamente arraigada nos exemplos e ensinamentos de Cristo Senhor, é um dom de Deus Pai à sua Igreja, por meio do Espírito. Através da profissão dos conselhos evangélicos, *os traços característicos de Jesus* — virgem, pobre e obediente — *adquirem uma típica e permanente «visibilidade» no meio do mundo,* e o olhar dos fiéis é atraído para aquele mistério do Reino de Deus que já atua na história, mas aguarda a sua plena realização nos céus.

Ao longo dos séculos, nunca faltaram homens e mulheres que, dóceis ao apelo do Pai e à moção do Espírito, escolheram este caminho de especial seguimento de Cristo, para se dedicarem a ele de coração «indiviso» (cf. 1Cor 7,34). Também eles deixaram tudo, como os Apóstolos, para estar com Cristo e colocar-se, como ele, a serviço de Deus e dos irmãos. Contribuíram assim para manifestar o mistério e a missão da Igreja, graças aos múltiplos carismas de vida espiritual e apostólica que o Espírito Santo lhes distribuía, e deste modo concorreram também para renovar a sociedade.

Ação de graças pela vida consagrada

2. O papel da vida consagrada na Igreja é tão notável que decidi convocar um Sínodo para aprofundar o seu significado e as suas perspectivas em ordem ao novo milênio, já iminente. Na Assembléia sinodal, quis que, ao lado dos Padres, estivesse também presente um número considerável de pessoas consagradas, a fim de não faltar a sua contribuição para a reflexão comum.

Cientes, como estamos todos, da riqueza que constitui, para a comunidade eclesial, o dom da vida consagrada na variedade dos seus carismas e das suas instituições, *juntos damos graças a Deus* pelas Ordens e Institutos religiosos dedicados à contemplação ou às obras de apostolado, pelas Sociedades de Vida Apostólica, pelos Institutos seculares, e pelos outros grupos de consagrados, como também por todos aqueles que, no segredo do seu coração, se dedicam a Deus por uma especial consagração.

No Sínodo, pôde-se constatar a expansão universal da vida consagrada, tornando-se presente nas Igrejas de toda a terra. Ela estimula e acompanha o avanço da evangelização nas diversas regiões do mundo, onde não apenas são acolhidos com gratidão os Institutos vindos de fora, mas constituem-se também novos e com grande variedade de formas e expressões.

E se os Institutos de vida consagrada, em algumas regiões da terra, parecem atravessar momentos de dificuldade, em outras prosperam com um vigor surpreendente, demonstrando que a opção de total doação a Deus em Cristo não é de forma alguma incompatível com a cultura e a história de cada povo. E não prospera só dentro da Igreja católica; na verdade, a vida consagrada acha-se particularmente viva no monaquismo das Igrejas ortodoxas, como rasgo essencial da sua fisionomia, e está começando ou ressurgindo nas Igrejas e Comunidades eclesiais nascidas da Reforma, como sinal de uma graça comum dos discípulos de Cristo. Tal constatação serve de estímulo ao ecumenismo, que alimenta o desejo de uma comunhão cada vez mais plena entre os cristãos, «para que o mundo creia» (Jo 17,21).

A vida consagrada, dom à Igreja

3. A presença universal da vida consagrada e o caráter evangélico do seu testemunho provam, com toda a evidência — caso isso fosse ainda necessário —, que ela *não é uma realidade isolada e marginal,* mas diz respeito a toda a Igreja. No Sínodo, os Bispos confirmaram-no por diversas vezes: *«de re nostra agitur», «*é algo que nos diz respeito».[1] Na verdade, *a vida consagrada está colocada mesmo no coração*

1. Cf. *propositio* 2.

da Igreja, como elemento decisivo para a sua missão, visto que «exprime a íntima natureza da vocação cristã»[2] e a tensão da Igreja-Esposa para a união com o único Esposo.[3] Diversas vezes se afirmou, no Sínodo, que a função de ajuda e apoio exercida pela vida consagrada à Igreja não se restringe aos tempos passados, mas continua sendo um dom precioso e necessário também no presente e para o futuro do Povo de Deus, porque pertence intimamente à sua vida, santidade e missão.[4]

As dificuldades atuais, que vários Institutos encontram em algumas regiões do mundo, não devem induzir a pôr em dúvida o fato de que a profissão dos conselhos evangélicos é *parte integrante da vida da Igreja,* à qual presta um impulso precioso em ordem a uma coerência evangélica cada vez maior.[5] Historicamente poderá haver uma sucessiva variedade de formas, mas não mudará a substância de uma

2. CONC. ECUM. VAT. II, Decr. sobre a atividade missionária da Igreja *Ad gentes,* 18.

3. Cf. CONC. ECUM. VAT. II, Const. dogm. sobre a Igreja *Lumen gentium,* 44; PAULO VI, Exort. ap. *Evangelica testificatio* (29 de junho de 1971), 7: *AAS* 63 (1971), 501-502; Exort. ap. *Evangelii nuntiandi* (8 de dezembro de 1975), 69: *AAS* 68 (1976), 59.

4. CF. CONC. ECUM. VAT. II, Const. dogm. sobre a Igreja *Lumen gentium,* 44.

5. Cf. JOÃO PAULO II, Discurso na Audiência Geral (28 de setembro de 1994), 5: *L'Osservatore Romano* (ed. portuguesa: 1 de outubro de 1994), 12.

opção que se exprime na radicalidade do dom de si mesmo por amor do Senhor Jesus e, nele, por amor de cada membro da família humana. *Sobre esta certeza* que animou inúmeras pessoas ao longo dos séculos, *o povo cristão continua a esperar,* sabendo bem que, da ajuda destas pessoas generosas, pode receber um apoio muito válido no seu caminho para a pátria celestial.

Recolhendo os frutos do Sínodo

4. Acedendo ao desejo manifestado pela Assembléia Geral Ordinária do Sínodo dos Bispos, reunida para refletir sobre o tema «A vida consagrada e a sua missão na Igreja e no mundo», é meu intuito propor, nesta Exortação Apostólica, os frutos do itinerário sinodal[6] e manifestar a todos os fiéis — Bispos, presbíteros, diáconos, pessoas consagradas e leigos —, e ainda a quantos quiserem prestar atenção, as maravilhas que o Senhor deseja realizar, hoje também, através da vida consagrada.

Este Sínodo, realizado depois dos que foram dedicados aos leigos e aos presbíteros, completa a exposição das peculiaridades características dos vários estados de vida, que o Senhor Jesus quis na sua Igreja. Na verdade, se no Concílio Vaticano II foi sublinhada a grande realidade da comunhão eclesial,

6. Cf. *propositio* 1.

que faz convergir todos os dons e carismas para a construção do Corpo de Cristo e para a missão da Igreja no mundo, nestes últimos anos sentiu-se a necessidade de explicitar melhor *a identidade dos vários estados de vida,* a sua vocação e missão específica na Igreja.

A comunhão na Igreja não é, com efeito, uniformidade, mas dom do Espírito que passa também através da variedade dos carismas e dos estados de vida. Estes serão tanto mais úteis à Igreja e à sua missão, quanto maior for o respeito pela sua identidade. Pois, todo dom do Espírito é concedido a fim de frutificar para o Senhor,[7] no crescimento da fraternidade e da missão.

A obra do Espírito,
nas várias formas de vida consagrada

5. Como não recordar, cheios de gratidão ao Espírito, *a abundância das formas históricas de vida consagrada,* por ele suscitadas e continuamente mantidas no tecido eclesial? Assemelham-se a uma planta com muitos ramos,[8] que assenta as suas raízes no Evangelho e produz frutos abundantes em cada esta-

7. Cf. S. Francisco de Sales, *Introdução à vida devota,* I, 3: *Œuvres,* III (Annecy 1893), 19-20.
8. Cf. Conc. Ecum. Vat. II, Const. dogm. sobre a Igreja *Lumen gentium,* 43.

ção da Igreja. Que riqueza extraordinária! Eu mesmo, no final do Sínodo, senti a necessidade de sublinhar este elemento constante na história da Igreja: a multidão de fundadores e fundadoras, de santos e santas, que escolheram seguir Cristo na radicalidade do Evangelho e no serviço fraterno, especialmente a favor dos pobres e dos abandonados.[9] Precisamente neste serviço resulta, com particular evidência, como a vida consagrada manifesta o *caráter unitário do mandamento do amor,* na sua conexão indivisível entre o amor de Deus e o amor do próximo.

O Sínodo recordou esta obra incessante do Espírito Santo, que vai explanando, ao longo dos séculos, as riquezas da prática dos conselhos evangélicos através dos múltiplos carismas, e que, também por este caminho, torna o mistério de Cristo perenemente presente na Igreja e no mundo, no tempo e no espaço.

Vida monástica no Oriente e no Ocidente

6.   Os Padres sinodais das Igrejas católicas orientais e os representantes das outras Igrejas do Oriente puseram em destaque, nas suas intervenções, *os va-*

9. Cf. João Paulo II, Homilia na Missa de encerramento da IX Assembléia Geral Ordinária do Sínodo dos Bispos (29 de outubro de 1994), 3: *AAS* 87 (1995), 580.

lores evangélicos da vida monástica,[10] que aparecera já nos primórdios do cristianismo e continua ainda florescente nos seus territórios, especialmente nas Igrejas ortodoxas.

Desde os primeiros séculos da Igreja, houve homens e mulheres que se sentiram chamados a imitar a condição de servo abraçada pelo Verbo encarnado, e puseram-se a segui-lo vivendo de um modo específico e radical, na profissão monástica, as exigências derivadas da participação batismal no mistério pascal da sua morte e ressurreição. Deste modo, fazendo-se portadores da Cruz *(staurophóroi),* comprometeram-se a tornar-se portadores do Espírito *(pneumatophóroi),* homens e mulheres autenticamente espirituais, capazes de em segredo fecundar a história, com o louvor e a intercessão contínua, com os conselhos ascéticos e as obras de caridade.

Com a intenção de transfigurar o mundo e a vida enquanto se aguarda a visão definitiva do rosto de Deus, o monaquismo oriental privilegia a conversão, a renúncia a si próprio e a contrição do coração, a procura da *esichia,* isto é, da paz interior, e a prece incessante, o jejum e as vigílias, a luta espiritual e o silêncio, a alegria pascal pela presença do Senhor e pela expectativa da sua vinda definitiva, a oferta de

10. Cf. Sínodo dos Bispos – IX Assembléia Geral Ordinária, *Mensagem do Sínodo* (27 de outubro de 1994), VII: *L'Osservatore Romano* (ed. portuguesa: 5 de novembro de 1994), 2-3.

si mesmo e dos próprios bens, vivida na santa comunhão do mosteiro ou na solidão eremítica.[11]

Também o Ocidente praticou, desde os primeiros séculos da Igreja, a vida monástica, registrando uma grande variedade de expressões tanto no âmbito comunitário como no eremítico. Na sua forma atual, inspirada especialmente em S. Bento, o monaquismo ocidental recolhe a herança de tantos homens e mulheres que, renunciando à vida levada no mundo, procuraram a Deus e a ele se dedicaram, «sem nada antepor ao amor de Cristo».[12] Também os monges de hoje se esforçam por *conciliar harmoniosamente a vida interior e o trabalho,* no compromisso evangélico da conversão dos costumes, da obediência, da clausura, e na dedicação assídua à meditação da Palavra *(lectio divina),* à celebração da liturgia, à oração. Os mosteiros foram e continuam sendo, no coração da Igreja e do mundo, um sinal eloqüente de comunhão, um lugar acolhedor para aqueles que buscam a Deus e as coisas do espírito, escolas de fé e verdadeiros centros de estudo, diálogo e cultura para a edificação da vida eclesial e também da cidade terrena, à espera da celeste.

11. Cf. *propositio* 5, B.
12. Cf. *Regula,* 4,21; 72,11.

A Ordem das virgens, os eremitas, as viúvas

7. Um motivo de alegria e esperança é ver que hoje volta a florescer *a antiga Ordem das virgens,* cuja presença nas comunidades cristãs é testemunhada desde os tempos apostólicos.[13] Consagradas pelo Bispo diocesano, elas contraem um vínculo particular com a Igreja, a cujo serviço se dedicam, mesmo permanecendo no mundo. Sozinhas ou associadas, constituem *uma imagem escatológica especial da Esposa celeste e da vida futura,* quando, finalmente, a Igreja viverá em plenitude o seu amor por Cristo Esposo.

Os homens e as mulheres *eremitas,* ligados a Ordens antigas ou a novos Institutos ou então dependentes diretamente do Bispo, testemunham através da separação interior e exterior do mundo o caráter provisório do tempo presente, e pelo jejum e pela penitência atestam que o homem não vive só de pão, mas da Palavra de Deus (cf. Mt 4,4). Uma vida assim «no deserto» é um convite aos indivíduos e à própria comunidade eclesial para *nunca perderem de vista a vocação suprema,* que é estar sempre com o Senhor.

Hoje voltou a ser praticada também a consagração tanto das viúvas,[14] conhecida desde os tempos apostólicos (cf. 1Tm 5,5.9-10; 1Cor 7,8), como

13. Cf. *propositio* 12.
14. Cf. *Código dos Cânones das Igrejas Orientais,* cân. 570.

dos viúvos. Estas pessoas, mediante o voto de castidade perpétua como sinal do Reino de Deus, consagram a sua condição para se dedicarem à oração e ao serviço da Igreja.

Institutos inteiramente dedicados à contemplação

8. Os Institutos orientados completamente à contemplação, formados por mulheres ou por homens, constituem um motivo de glória e uma fonte de graças celestes para a Igreja. Com a sua vida e missão, as pessoas que deles fazem parte imitam Cristo em oração no cimo do monte, testemunham o domínio de Deus sobre a história, antecipam a glória futura.

Na solidão e no silêncio, mediante a escuta da Palavra de Deus, a realização do culto divino, a ascese pessoal, a oração, a mortificação e a comunhão do amor fraterno, orientam toda a sua vida e atividade para a contemplação de Deus. Oferecem assim à comunidade eclesial um testemunho singular do amor da Igreja pelo seu Senhor, e contribuem, com uma misteriosa fecundidade apostólica, para o crescimento do Povo de Deus.[15]

É justo, portanto, desejar que as várias formas de vida contemplativa conheçam *uma difusão cres-*

15. Cf. CONC. ECUM. VAT. II, Decr. sobre a renovação da vida religiosa *Perfectae caritatis,* 7; Decr. sobre a atividade missionária da Igreja *Ad gentes,* 40.

cente nas jovens Igrejas, enquanto expressão de pleno enraizamento do Evangelho, sobretudo naquelas regiões do mundo onde predominam outras religiões. Isto permitirá testemunhar o vigor das tradições cristãs de ascese e mística, e favorecerá também o diálogo inter-religioso.[16]

A vida religiosa apostólica

9. No Ocidente, floresceram ao longo dos séculos muitas outras expressões de vida religiosa, nas quais inúmeras pessoas, renunciando ao mundo, se consagraram a Deus, através da profissão pública dos conselhos evangélicos segundo um carisma específico e numa forma estável de vida *comum,*[17] *para um serviço apostólico pluriforme ao Povo de Deus.* Temos, assim, as diversas famílias de Cônegos regulares, as Ordens mendicantes, os Clérigos regulares, e as Congregações religiosas masculinas e femininas, em geral, dedicadas à atividade apostólica e missionária e às múltiplas obras que a caridade cristã suscitou.

É um testemunho esplêndido e variegado, onde se reflete a multiplicidade dos dons dispensados por Deus aos fundadores e fundadoras que, abertos à ação do Espírito Santo, souberam interpretar os si-

16. Cf. *propositio* 6.
17. Cf. *propositio* 4.

nais dos tempos e responder, de forma esclarecida, às exigências que sucessivamente iam aparecendo. Seguindo os seus passos, muitas outras pessoas procuraram, com a palavra e a ação, encarnar o Evangelho na própria existência, para apresentar aos seus contemporâneos a presença viva de Jesus, o Consagrado por excelência e o Apóstolo do Pai. É em Cristo Senhor que se devem continuar a rever os religiosos e religiosas de cada época, alimentando na oração uma profunda comunhão de sentimentos com ele (cf. Fl 2,5-11), para que toda a sua vida seja permeada de espírito apostólico, e toda ação apostólica seja repassada de contemplação.[18]

Os Institutos seculares

10. O Espírito Santo, artífice admirável da diversidade de carismas, suscitou no nosso tempo *novas expressões de vida consagrada,* como que desejando corresponder, segundo um desígnio providencial, às novas necessidades que a Igreja encontra hoje no cumprimento da sua missão no mundo.

Vêm ao pensamento, antes de mais, os *Institutos seculares,* cujos membros pretendem *viver a consagração a Deus no mundo,* através da profissão dos conselhos evangélicos no contexto das estruturas tem-

18. Cf. *propositio* 7.

porais, para serem assim fermento de sabedoria e testemunhas da graça no âmbito da vida cultural, econômica e política. Através da síntese de secularidade e consagração, que os caracteriza, eles querem *infundir na sociedade as energias novas do Reino de Cristo,* procurando transfigurar o mundo a partir de dentro com a força das bem-aventuranças. Desta forma, ao mesmo tempo que a pertença total a Deus os torna plenamente consagrados ao seu serviço, a sua atividade nas condições normais de leigos contribui, sob a ação do Espírito, para a animação evangélica das realidades seculares. Os Institutos seculares contribuem assim para garantir à Igreja, segundo a índole específica de cada um, uma presença incisiva na sociedade.[19]

Também realizam uma função preciosa os *Institutos seculares clericais,* onde sacerdotes pertencentes ao presbitério diocesano — mesmo quando lhes é reconhecida a incardinação no próprio Instituto — se consagram a Cristo através da prática dos conselhos evangélicos segundo um específico carisma. Eles encontram, nas riquezas espirituais do próprio Instituto a que pertencem, uma grande ajuda para viver intensamente a espiritualidade própria do sacerdócio e ser assim fermento de comunhão e generosidade apostólica entre os seus irmãos.

19. Cf. *propositio* 11.

As Sociedades de Vida Apostólica

11. Merecem, depois, uma especial menção *as Sociedades de Vida Apostólica* ou de vida comum, masculinas e femininas, que buscam, com seu estilo próprio, um específico fim apostólico e missionário. Em muitas delas, assumem-se expressamente os conselhos evangélicos, com vínculos sagrados reconhecidos oficialmente pela Igreja. Mesmo neste caso, todavia, a peculiaridade da sua consagração distingue-as dos Institutos religiosos e dos Institutos seculares. Há que salvaguardar e promover a especificidade desta forma de vida, que, ao longo dos últimos séculos, produziu tantos frutos de santidade e de apostolado, especialmente no campo da caridade e na difusão missionária do Evangelho.[20]

Novas expressões de vida consagrada

12. A perene juventude da Igreja continua a manifestar-se também hoje: nos últimos decênios depois do Concílio Ecumênico Vaticano II, apareceram *formas novas ou renovadas de vida consagrada*. Em muitos casos, trata-se de Institutos semelhantes aos que já existem, mas nascidos de novos estímulos espirituais e apostólicos. A sua vitalidade deve ser

20. Cf. *propositio* 14.

ponderada pela autoridade da Igreja, a quem compete proceder aos devidos exames, quer para comprovar a autenticidade da sua finalidade inspiradora, quer para evitar a excessiva multiplicação de instituições análogas entre si, com o conseqüente risco de uma nociva fragmentação em grupos demasiadamente pequenos. Em outros casos, trata-se de experiências originais, que estão à procura da sua própria identidade na Igreja e esperam ser reconhecidas oficialmente pela Sé Apostólica, a única a quem compete o juízo definitivo.[21]

Estas novas formas de vida consagrada, que se vêm juntar às antigas, testemunham a constante atração que a doação total ao Senhor, o ideal da comunidade apostólica, os carismas de fundação continuam exercendo mesmo sobre a geração atual, e são sinal também da complementaridade dos dons do Espírito Santo.

Mas o Espírito não se contradiz na inovação. Prova-o o fato de que as novas formas de vida consagrada não substituíram as antigas. Numa variedade tão grande de formas, pôde-se conservar a unidade de fundo graças ao chamado sempre idêntico a seguir, na busca da perfeita caridade, Jesus virgem, pobre e obediente. Este chamado, tal como se encon-

---

21. Cf. *Código de Direito Canônico*, cân. 605; *Código dos Cânones das Igrejas Orientais*, cân. 571; *propositio* 13.

tra em todas as formas já existentes, assim é requerido naquelas que se propõem como novas.

Finalidade da Exortação Apostólica

13. Com esta Exortação Apostólica, que recolhe os frutos dos trabalhos sinodais, pretendo dirigir-me a toda a Igreja, para oferecer não só às pessoas consagradas, mas também aos Pastores e aos fiéis, *os resultados de um sugestivo confronto,* sobre cujo desenvolvimento o Espírito Santo não cessou de velar com os seus dons de verdade e de amor.

Nestes anos de renovação, a vida consagrada atravessou, como de resto outras formas de vida na Igreja, um período delicado e árduo. Foi um período rico de esperanças, de tentativas e propostas inovadoras, visando revigorar a profissão dos conselhos evangélicos. Mas foi também um tempo com suas tensões e angústias, ao longo do qual experiências até generosas nem sempre foram coroadas de resultados positivos.

As dificuldades, porém, não devem levar ao desânimo. Pelo contrário, é preciso empenhar-se com novo ardor, porque a Igreja necessita da contribuição espiritual e apostólica de uma vida consagrada renovada e vigorosa. Através da presente Exortação póssinodal, desejo dirigir-me às comunidades religiosas e às pessoas consagradas, com o mesmo espírito que animava a carta enviada pelo Concílio de Jerusalém aos cristãos de Antioquia, e nutro a esperança de que se possa repetir, hoje também, a mesma experiência de outrora: «Depois de a lerem, todos ficaram satisfeitos com o encorajamento que lhes trazia» (At 15,31). Mais: nutro ainda a esperança de fazer crescer a alegria de todo o Povo de Deus, que, conhecendo melhor a vida consagrada, poderá mais conscientemente dar graças ao Onipotente por este grande dom.

Em atitude de cordial sintonia com os Padres sinodais, recolhi como um tesouro as preciosas contribuições surgidas durante os intensos trabalhos da Assembléia, nos quais quis estar sempre presente. Naquela época, tive o cuidado também de oferecer a todo o Povo de Deus algumas orientações sistemáticas sobre a vida consagrada na Igreja. Nelas propus novamente os ensinamentos presentes nos textos do Concílio Vaticano II, tendo este sido um luminoso ponto de referência para os sucessivos desenvolvimentos doutrinais e para a própria reflexão realizada pelo Sínodo durante as semanas intensas dos seus trabalhos.[22]

Com a confiança de que os filhos da Igreja, de modo particular as pessoas consagradas, vão também acolher com cordial adesão esta Exortação, faço votos de que a reflexão prossiga em ordem ao apro-

22. Cf. *propositiones* 3; 4; 6; 7; 8; 10; 13; 28; 29; 30; 35; 48.

fundamento do grande dom da vida consagrada na tríplice dimensão de consagração, de comunhão e de missão, e que os consagrados e as consagradas, em plena sintonia com a Igreja e o seu Magistério, encontrem deste modo novos estímulos para enfrentar espiritual e apostolicamente os desafios que forem surgindo.

CAPÍTULO I

CONFESSIO TRINITATIS

NAS FONTES CRISTOLÓGICO-TRINITÁRIAS DA VIDA CONSAGRADA

O ícone de Cristo transfigurado

14.   O fundamento evangélico da vida consagrada há-de ser procurado naquela relação especial que Jesus, durante a sua existência terrena, estabeleceu com alguns dos seus discípulos, convidando-os não só a acolherem o Reino de Deus na sua vida, mas também a colocarem a própria existência a serviço desta causa, deixando tudo e imitando mais de perto a sua *forma de vida.*

Esta existência «cristiforme», proposta a tantos batizados ao longo da história, só é possível com base numa vocação especial e por um dom peculiar do Espírito. De fato, numa tal existência, a consagração batismal é levada a uma resposta radical no seguimento de Cristo assumindo os conselhos evangélicos, sendo o vínculo sagrado da castidade pelo Reino dos Céus o primeiro e mais essencial deles.[23]

23. Cf. *propositio* 3, A e B.

Assim, este especial «seguimento de Cristo», em cuja origem está sempre a iniciativa do Pai, reveste uma conotação essencialmente cristológica e pneumatológica, exprimindo de forma muito viva o caráter *trinitário* da vida cristã, da qual antecipa de algum modo a realização *escatológica,* para onde tende a Igreja inteira.[24]

No Evangelho, são muitas as palavras e gestos de Cristo, que iluminam o sentido desta vocação especial. No entanto, para se abarcar numa visão de conjunto os seus traços essenciais, torna-se particularmente útil fixar o olhar no rosto resplandecente de Cristo, no mistério da Transfiguração. A este «ícone» faz referência toda a tradição espiritual antiga, quando relaciona a vida contemplativa com a oração de Jesus «no monte».[25] Mas de algum modo podem-se espelhar lá também as dimensões «ativas» da vida consagrada, visto que a Transfiguração não é só revelação da glória de Cristo, mas também preparação

24. Cf. *propositio* 3, C.

25. Cf. S. Cassiano: «Secessit tamen solus in monte orare, per hoc scilicet nos instruens suae secessionis exemplo (...) ut similiter secedamus» (*Conlat.* 10,6: *PL* 49, 827); S. Jerônimo: «Et Christum quaeras in solitudine et ores solus in monte cum Iesu» (*Ep. ad Paulinum* 58,4,2: *PL* 22, 582); Guilherme de Saint Thierry: «[Vita solitaria] ab ipso Domino familiarissime celebrata, ab eius discipulis ipso praesente concupita: cuius transfigurationis gloriam cum vidissent qui cum eo in monte sancto erant, continuo Petrus (...) optimum sibi iudicavit in hoc semper esse» (*Ad frates de Monte Dei* I,1: *PL* 184, 310).

para enfrentar a cruz. Implica um «subir ao monte» e um «descer do monte»: os discípulos que gozaram da intimidade do Mestre, envolvidos durante alguns momentos pelo esplendor da vida trinitária e da comunhão dos santos, como que arrebatados até ao limiar da eternidade, são reconduzidos logo a seguir à realidade cotidiana, onde vêem «apenas Jesus» na humildade da sua natureza humana, e são convidados a regressar ao vale para partilharem com ele o peso do desígnio de Deus e empreender corajosamente o caminho da cruz.

«Transfigurou-se diante deles»

15. *Seis dias depois, Jesus tomou consigo Pedro, Tiago e João, seu irmão, e levou-os, em particular, a um alto monte. Transfigurou-se diante deles: o seu rosto resplandeceu como o sol, e as suas vestes tornaram-se brancas como a luz. Nisto, apareceram Moisés e Elias conversando com ele.*

Pedro, tomando a palavra, disse a Jesus:

«Senhor, é bom [nós] estarmos aqui; se quiseres, farei aqui três tendas: uma para ti, uma para Moisés e outra para Elias».

Ainda falava, quando uma nuvem luminosa os cobriu com a sua sombra, e uma voz que saía da nuvem disse:

«Este é o meu Filho muito amado, em quem me comprazo ouvi-o».

Ao ouvirem isto, os discípulos caíram por terra, muito assustados.

Aproximando-se deles, Jesus tocou-os, dizendo:

«Levantai-vos e não tenhais medo».

E, erguendo os olhos, apenas viram Jesus e mais ninguém

Enquanto desciam do monte, Jesus ordenou-lhes:

«Não conteis a ninguém o que acabastes de ver, até que o Filho do Homem ressuscite dos mortos» (Mt 17,1-9).

O episódio da Transfiguração assinala *um momento decisivo no ministério de Jesus.* É um evento de revelação que consolida a fé no coração dos discípulos, prepara-os para o drama da Cruz, e antecipa a glória da ressurreição. É um episódio misterioso revivido incessantemente pela Igreja, povo a caminho do encontro escatológico com o seu Senhor. Como os três apóstolos escolhidos, a Igreja contempla o rosto transfigurado de Cristo, para se confirmar na fé e não correr o risco de soçobrar ao ver o seu rosto desfigurado na Cruz. Em ambos os casos, ela é a Esposa na presença do Esposo, que participa do seu mistério, envolvida pela sua luz.

Esta luz atinge todos os seus filhos, *todos igualmente chamados a seguir Cristo,* repondo nele o sentido último da sua própria vida podendo dizer com o Apóstolo: «Para mim, o viver é Cristo» (Fl 1,21). Mas *uma singular experiência dessa luz que dimana do Verbo encarnado* é feita, sem dúvida, pelos que são chamados à vida consagrada. Na verdade, a profissão dos conselhos evangélicos coloca-os *como sinal e profecia* para a comunidade dos irmãos e para o mundo. Por isso, não podem deixar de encontrar neles um eco particular as palavras extasiadas de Pedro: «Senhor, é bom estarmos aqui!» (Mt 17,4). Estas palavras manifestam a tensão cristocêntrica de toda a vida cristã, mas exprimem também, com particular eloqüência, o caráter *totalizante* que constitui o dinamismo profundo da vocação à vida consagrada: «Como é bom estarmos contigo dedicarmo-nos a ti, concentrar a nossa existência exclusivamente em ti!». Com efeito, quem recebeu a graça desta especial comunhão de amor com Cristo, sente-se de certa forma arrebatado pelo seu fulgor: Ele é o «mais belo dos filhos dos homens» (Sl 45/44,3), o Incomparável.

«Este é o meu Filho muito amado: escutai-o!»

16. Aos três discípulos extasiados chega o apelo do Pai a que se ponham à escuta de Cristo, depositem nele toda a confiança, façam dele o centro da vida. À luz desta palavra que vem do alto, adquire nova profundidade aquele convite que lhes fizera Je-

sus, no início da sua vida pública, quando os chamara a segui-lo, arrancando-os à sua vida normal e acolhendo-os na sua intimidade. É precisamente desta graça especial de intimidade que brota, na vida consagrada, a possibilidade e a exigência do dom total de si mesmo na profissão dos conselhos evangélicos. Estes, antes e mais do que renúncia, são *um acolhimento específico do mistério de Cristo,* vivido no seio da Igreja.

De fato, na unidade da vida cristã, as diversas vocações são comparáveis a raios da única luz Cristo, «que resplandece no rosto da Igreja».[26] Os *leigos,* em virtude da índole secular da sua vocação, refletem o mistério do Verbo encarnado sobretudo enquanto ele é Alfa e Ômega do mundo, fundamento e medida do valor de todas as coisas criadas. Os *ministros sagrados,* por sua vez, são imagens vivas de Cristo, Cabeça e Pastor, que guia o seu povo neste tempo do «já e ainda não», na expectativa da sua vinda gloriosa. À *vida consagrada* está confiada a missão de indicar o Filho de Deus feito homem como *a meta escatológica para onde tudo tende,* o esplendor perante o qual qualquer outra luz empalidece, a beleza infinita, a única que pode saciar totalmente o coração do homem. É que na vida consagrada não se trata apenas de seguir Cristo de todo o coração, amando-o «mais do que o pai ou a mãe, mais do que o

---

26. Conc. Ecum. Vat. II, Const. dogm. sobre a Igreja *Lumen gentium,* 1.

filho ou a filha» (cf. Mt 10,37), como é pedido a todo discípulo, mas trata-se de viver e exprimir isso mesmo com uma *adesão «conformativa» a Cristo da existência inteira,* numa tensão totalizante que antecipa, por quanto possível no tempo e aos vários carismas, a perfeição escatológica.

Na verdade, pela profissão dos conselhos, o consagrado não só faz de Cristo o sentido da própria vida, mas preocupa-se por reproduzir em si mesmo, na medida do possível, «aquela forma de vida que o Filho de Deus assumiu ao entrar no mundo».[27] Abraçando a *virgindade,* ele assume o amor virginal de Cristo e confessa-o ao mundo como Filho unigênito, um só com o Pai (cf. Jo 10,30; 14,11); imitando a sua *pobreza,* confessa-o como Filho que tudo recebe do Pai e no amor tudo lhe devolve (cf. Jo 17,7.10); aderindo, com o sacrifício da própria liberdade, ao mistério da sua *obediência* filial, confessa-o infinitamente amado e amante, como aquele que se compraz somente na vontade do Pai (cf. Jo 4,34), ao qual está perfeitamente unido e do qual depende em tudo.

Com tal identificação «conformativa» ao mistério de Cristo, a vida consagrada realiza a título especial aquela *confessio Trinitatis,* que caracteriza toda a vida cristã, reconhecendo extasiada a beleza sublime de Deus Pai, Filho e Espírito Santo, e testemunhando com alegria a sua amorosa magnanimidade com todo ser humano.

27. *Ibid.,* 44.

I. EM LOUVOR DA TRINDADE

A Patre ad Patrem: a iniciativa de Deus

17.   A contemplação da glória do Senhor Jesus no ícone da Transfiguração revela às pessoas consagradas, antes de mais, o Pai, criador e doador de todo bem, que atrai a si (cf. Jo 6,44) uma criatura sua, por um amor de predileção e em ordem a uma missão especial. «Este é o meu Filho muito amado: escutai-o!» (Mt 17,5). Correspondendo a este apelo acompanhado por uma atração interior, a pessoa chamada entrega-se ao amor de Deus, que a quer exclusivamente ao seu serviço, e consagra-se totalmente a ele e ao seu desígnio de salvação (cf. 1Cor 7,32-34).

Está aqui o sentido da vocação à vida consagrada: uma iniciativa total do Pai (cf. Jo 15,16), que requer daqueles que escolhe uma resposta de dedicação plena e exclusiva.[28] A experiência deste amor gratuito de Deus é tão íntima e forte que a pessoa sente que deve responder com a dedicação incondicional da sua vida, consagrando tudo, presente e futuro, nas suas mãos. Por isso mesmo, como ensina S.

---

28. Cf. CONGREGAÇÃO PARA OS RELIGIOSOS E OS INSTITUTOS SECULARES, Instr. «Elementos essenciais da doutrina da Igreja sobre a vida religiosa aplicados aos Institutos consagrados ao apostolado» (31 de maio de 1983), 5: *L'osservatore Romano* (ed. portuguesa: 14 de agosto de 1983), 4.

Tomás, pode-se compreender a identidade da pessoa consagrada a partir da totalidade da sua oferta, comparável a um autêntico holocausto.[29]

Per Filium: seguindo os passos de Cristo

18.   O Filho, caminho que conduz ao Pai (cf. Jo 14,6), chama todos aqueles que o Pai lhe deu (cf. Jo 17,9) a um seguimento que dá orientação à sua existência. A alguns, porém — concretamente às pessoas de vida consagrada —, Cristo pede uma adesão total, que implica o abandono de tudo (cf. Mt 19,27) para viver na intimidade com ele[30] e segui-lo para onde quer que vá (cf. Ap 14,4).

No olhar de Jesus (cf. Mc 10,21), «imagem do Deus invisível» (Cl 1,15), resplendor da glória do Pai (cf. Hb 1,3), constata-se a profundidade de um amor eterno e infinito que atinge as raízes do ser.[31] A pessoa que se deixa seduzir, não pode deixar de abandonar tudo e segui-lo (cf. Mc 1,16-20; 2,14; 10,21.28). À semelhança de Paulo, considera tudo o resto como «perda, pela excelência do conhecimento de Cristo Jesus», não hesitando em reputar tudo o mais como «lixo, a fim de ganhar Cristo» (cf. Fl

29. Cf. *Summa Theologiae,* II-II, q. 186, a. 1.

30. Cf. *propositio* 16.

31. Cf. João Paulo II, Exort. ap. *Redemptionis donum* (25 de março de 1984), 3: *AAS* 76 (1984), 515-517.

3,8). A sua aspiração é identificar-se com ele, assumindo os seus sentimentos e forma de vida. O deixar tudo e seguir o Senhor (cf. Lc 18,28) constitui um programa válido para todas as pessoas chamadas e para todos os tempos.

Os conselhos evangélicos, pelos quais Cristo convida alguns a partilharem a sua experiência de pessoa virgem, pobre e obediente, requerem e manifestam, em quem acolhe o convite, o *desejo explícito de conformação total com ele.* Vivendo «na obediência, sem nada de seu e na castidade»,[32] os consagrados confessam que Jesus é o modelo no qual toda virtude alcança a perfeição. Na verdade, a sua forma de vida casta, pobre e obediente apresenta-se como a maneira mais radical de viver o Evangelho sobre esta terra, um modo — pode-se dizer — *divino,* porque abraçado por ele, Homem-Deus, como expressão da sua relação de Filho Unigênito com o Pai e com o Espírito Santo. Este é o motivo por que, na tradição cristã, sempre se falou da *objetiva excelência da vida consagrada.*

Inegável é, ainda, que a prática dos conselhos constitui também uma forma particularmente íntima e fecunda de tomar parte na *missão de Cristo* seguindo o exemplo de Maria de Nazaré, primeira discípula, que aceitou colocar-se a serviço do desígnio divino com o dom total de si mesma. Toda missão

---

32. S. Francisco de Assis, *Regula bullata,* I, 1.

inicia com a mesma atitude expressa por Maria, na Anunciação: «Eis a escrava do Senhor, faça-se em mim segundo a tua palavra» (Lc 1,38).

In Spiritu: consagrados pelo Espírito Santo

19. «Uma nuvem luminosa os cobriu com a sua sombra» (Mt 17,5). Uma significativa interpretação espiritual da Transfiguração vê nesta nuvem a imagem do Espírito Santo.[33]

Como toda a existência cristã, também a vocação à vida consagrada está intimamente relacionada com a obra do Espírito Santo. É ele que, pelos milênios afora, sempre induz novas pessoas a sentirem atração por uma opção tão comprometedora. Sob a sua ação, elas revivem, de certo modo, a experiência do profeta Jeremias: «Vós me seduzistes, Senhor, e eu deixei-me seduzir» (20,7). É o Espírito que suscita o desejo de uma resposta cabal; é ele que guia o crescimento desse anseio, fazendo amadurecer a resposta positiva e sustentando, depois, a sua fiel realização; é ele que forma e plasma o espírito dos que são chamados, configurando-os a Cristo casto, pobre e obediente, e impelindo-os a assumirem a sua mis-

33. «Tota Trinitas apparuit: Pater in voce; Filius in homine, Spiritus in nube clara»: S. TOMÁS DE AQUINO, *Summa Theologiae*, III, q. 45, a. 4, ad 2um.

são. Deixando-se guiar pelo Espírito num caminho ininterrupto de purificação, tornam-se, dia após dia, *pessoas cristiformes,* prolongamento na história de uma especial presença do Senhor ressuscitado.

Com profunda intuição, os Padres da Igreja qualificaram este caminho espiritual como *filocalia,* ou seja, *amor à beleza divina,* que é irradiação da bondade de Deus. A pessoa que é progressivamente conduzida pelo poder do Espírito Santo até à plena configuração com Cristo, reflete em si mesma um raio da luz inacessível, e na sua peregrinação terrena caminha até à Fonte inexaurível da luz. Deste modo, a vida consagrada torna-se uma expressão particularmente profunda da Igreja Esposa que, movida pelo Espírito a reproduzir em si mesma os traços do Esposo, aparece na presença dele «gloriosa sem mancha nem ruga, nem qualquer coisa semelhante, mas santa e imaculada» (Ef 5,27).

E o Espírito, longe de afastar da história dos homens as pessoas que o Pai chamou, coloca-as a serviço dos irmãos, segundo as modalidades próprias do seu estado de vida, e encaminha-as para a realização de tarefas específicas, de acordo com as necessidades da Igreja e do mundo, através dos carismas próprios dos vários Institutos. Daí a aparição de múltiplas formas de vida consagrada, através das quais a Igreja é «embelezada com a variedade dos dons dos seus filhos, (...) como esposa adornada para o seu esposo» (cf. Ap 21,2),[34] e fica enriquecida de todos os meios para cumprir a sua missão no mundo.

Os conselhos evangélicos, dom da Trindade

20. Assim os conselhos evangélicos são, primariamente, *um dom da Santíssima Trindade.* A vida consagrada é anúncio daquilo que o Pai, pelo Filho no Espírito, realiza com o seu amor, a sua bondade, a sua beleza. De fato, «o estado religioso patenteia (...) a elevação do Reino de Deus sobre tudo o que é terreno e as suas relações transcendentes; e revela aos homens a grandeza do poder de Cristo Rei e a potência infinita com que o Espírito Santo maravilhosamente atua na Igreja».[35]

A primeira tarefa da vida consagrada é *tornar visíveis* as maravilhas que Deus realiza na frágil humanidade das pessoas chamadas. Mais do que com as palavras, elas testemunham essas maravilhas com a linguagem eloqüente de uma existência transfigurada, capaz de suscitar a admiração do mundo. À admiração dos homens respondem com o anúncio dos prodígios da graça que o Senhor realiza naqueles que ama. Na medida em que a pessoa consagrada se

34. CONC. ECUM. VAT. II, Decr. sobre a renovação da vida religiosa *Perfectae caritatis,* 1.

35. CONC. ECUM. VAT. II, Const. dogm. sobre a Igreja *Lumen gentium,* 44.

deixa conduzir pelo Espírito até aos cumes da perfeição, pode exclamar: «Contemplo a beleza da vossa graça, vejo seu brilho, irradio sua luz; fico cativado pelo seu inefável esplendor; acabo arrebatado longe de mim, sempre que penso no meu próprio ser; vejo como era e no que me tornei. Ó maravilha! Presto toda a minha atenção, fico cheio de respeito por mim mesmo, de reverência e de temor como se estivesse diante de vós mesmo; não sei o que fazer, porque a timidez se apoderou de mim; não sei onde sentar-me, donde me aproximar, onde repousar estes membros que vos pertencem; em que iniciativa, em que obra empregá-las, estas encantadoras maravilhas divinas».[36] Deste modo, a vida consagrada torna-se um dos rastos concretos que a Trindade deixa na história, para que os homens possam sentir o encanto e a saudade da beleza divina.

Nos conselhos, o reflexo da vida trinitária

21. A relação dos conselhos evangélicos com a Trindade santa e santificadora revela o sentido mais profundo deles. Na verdade, são expressão do amor que o Filho nutre pelo Pai na unidade do Espírito Santo. Praticando-os, a pessoa consagrada vive, com

36. SIMEÃO O NOVO TEÓLOGO, *Hinos,* II, 19-27: *SCh* 156, 178-179.

particular intensidade, o caráter trinitário e cristológico que caracteriza toda a vida cristã.

A *castidade* dos celibatários e das virgens, enquanto manifestação da entrega a Deus com um *coração indiviso* (cf. 1Cor 7,32-34), constitui um reflexo do *amor infinito* que une as três Pessoas divinas na profundidade misteriosa da vida trinitária; amor testemunhado pelo Verbo encarnado até ao dom da própria vida; amor «derramado em nossos corações pelo Espírito Santo» (Rm 5,5), que incita a uma resposta de amor total a Deus e aos irmãos.

A *pobreza* confessa que Deus é a única verdadeira riqueza do homem. Vivida segundo o exemplo de Cristo que, «sendo rico, se fez pobre» (2Cor 8,9), torna-se expressão do *dom total de si* que as três Pessoas divinas reciprocamente se fazem. É dom que transborda para a criação e se manifesta plenamente na Encarnação do Verbo e na sua morte redentora.

A *obediência,* praticada à imitação de Cristo cujo alimento era fazer a vontade do Pai (cf. Jo 4,34), manifesta a graça libertadora de uma *dependência filial e não servil,* rica de sentido de responsabilidade e animada pela confiança recíproca, que é reflexo, na história, da *amorosa correspondência* das três Pessoas divinas.

Assim, a vida consagrada é chamada a aprofundar continuamente o dom dos conselhos evangélicos com um amor cada vez mais sincero e forte na sua dimensão *trinitária:* amor *a Cristo,* que chama à sua intimidade; *ao Espírito Santo,* que predispõe o espírito para acolher as suas inspirações; *ao Pai,* origem primeira e fim supremo da vida consagrada.[37] Esta torna-se, assim, confissão e sinal da Trindade, cujo mistério é indicado à Igreja como modelo e fonte de toda a forma de vida cristã.

Também a *vida fraterna,* em virtude da qual as pessoas consagradas se esforçam por viver em Cristo com «um só coração e uma só alma» (At 4,32), se apresenta como uma eloqüente confissão trinitária. Confessa o *Pai,* que quer fazer de todos os homens uma só família; confessa *o Filho encarnado,* que congrega os redimidos na unidade, apontando o caminho com o seu exemplo, a sua oração, as suas palavras e, sobretudo, com a sua morte, fonte de reconciliação para os homens divididos e dispersos; confessa o *Espírito Santo,* como princípio de unidade na Igreja, onde não cessa de suscitar famílias espirituais e comunidades fraternas.

Consagrados, como Cristo, para o Reino de Deus

22. Sob o impulso do Espírito Santo, a vida consagrada «imita mais de perto, e perpetuamente repre-

---

37. Cf. João Paulo II, Discurso na Audiência Geral (9 de novembro de 1994), 4: *L'Osservatore Romano* (ed. portuguesa: 12 de novembro de 1994), 24.

senta na Igreja»[38] a forma de vida que Jesus, supremo consagrado e missionário do Pai para o seu Reino, abraçou e propôs aos discípulos que o seguiam (cf. Mt 4,18-22; Mc 1,16-20; Lc 5,10-11; Jo 15,16). A luz da consagração de Jesus, é possível descobrir na iniciativa do Pai, fonte de toda a santidade, a nascente originária da vida consagrada. Na verdade, Jesus é aquele que «Deus ungiu com o Espírito Santo e com poder» (At 10,38), «aquele que o Pai consagrou e enviou ao mundo» (Jo 10,36). Recebendo a consagração do Pai, o Filho consagra-se por sua vez ao Pai pela humanidade (cf. Jo 17,19): a sua vida de virgindade, obediência e pobreza exprime a adesão filial e plena ao desígnio do Pai (cf. Jo 10,30; 14,11). A sua oblação perfeita confere um sentido de consagração a todos os acontecimentos da sua existência terrena.

Jesus é o *obediente por excelência,* descido do céu não para fazer a sua vontade, mas a daquele que o enviou (cf. Jo 6,38; Hb 10,5.7). Entrega o seu modo de ser e de agir nas mãos do Pai (cf. Lc 2,49). Por obediência filial, assume a forma de servo: «Despojou-se a si mesmo tomando a condição de servo (...), feito obediente até à morte e morte de cruz» (Fl 2,7-8). É também nesta atitude de docilidade ao Pai que Cristo, embora aprovando e defendendo a dignidade e a santidade da vida matrimonial, assume a

38. CONC. ECUM. VAT. II, Const. dogm. sobre a Igreja *Lumen gentium,* 44.

forma de vida virginal, e revela assim o *valor sublime e a misteriosa fecundidade espiritual da virgindade*. A sua plena adesão ao desígnio do Pai manifesta-se ainda no desapego dos bens terrenos: «Sendo rico, fez-se pobre por vós, a fim de vos enriquecer pela sua pobreza» (2Cor 8,9). A *profundidade da sua pobreza* revela-se na perfeita oblação de tudo o que é seu ao Pai.

Verdadeiramente a vida consagrada constitui *memória viva da forma de existir e atuar de Jesus,* como Verbo encarnado face ao Pai e aos irmãos. Aquela é tradição vivente da vida e da mensagem do Salvador.

II. DA PÁSCOA AO CUMPRIMENTO DEFINITIVO

Do Tabor ao Calvário

23. O acontecimento deslumbrante da Transfiguração prepara um outro, trágico mas não menos glorioso, que é o do Calvário. Pedro, Tiago e João contemplam o Senhor Jesus, acompanhado por Moisés e Elias, com os quais — segundo o evangelista Lucas — ele fala «da sua partida que iria consumar-se em Jerusalém» (9,31). Assim os olhos dos apóstolos fixam-se em Jesus, que pensa na Cruz (cf. Lc 9,43-45). Nesta, o seu amor virginal pelo Pai e por todos os homens atingirá a máxima expressão; a sua po-

breza chegará ao despojamento total; a sua obediência irá até ao dom da vida.

Os discípulos e discípulas são convidados a contemplar Jesus exaltado na Cruz, a partir da qual «o Verbo saído do silêncio»,[39] no seu silêncio e solidão, proclama profeticamente a transcendência absoluta de Deus sobre todos os bens criados, vence na sua carne o nosso pecado, e atrai a si todo homem e mulher, dando a cada um a nova vida da ressurreição (cf. Jo 12,32; 19, 34.37). Da contemplação de Cristo crucificado, recebem inspiração todas as vocações; da Cruz, com o dom fundamental do Espírito têm origem todos os dons, e em particular o dom da vida consagrada.

Depois de Maria, Mãe de Jesus, recebe este dom o discípulo que Jesus amava, João, a testemunha que se encontrava, com Maria, ao pé da Cruz (cf. Jo 19,26-27). A sua decisão de consagração total é fruto do amor divino que o envolve, sustenta e lhe enche o coração. João, ao lado de Maria, conta-se entre os primeiros dessa longa série de homens e mulheres que, desde o início da Igreja até ao fim, tocados pelo amor de Deus, se sentem chamados a seguir o Cordeiro imolado e redivivo, para onde quer que ele vá (cf. Ap 14, 1-5).[40]

39. S. INÁCIO DE ANTIOQUIA, *Carta aos Magnesianos,* 8,2: *Patres Apostolici* (ed. F.X. Funk), II, 237.

40. Cf. *propositio* 3.

Dimensão pascal da vida consagrada

24.   A pessoa consagrada, nas várias formas de vida suscitadas pelo Espírito ao longo da história, experimenta a verdade de Deus-Amor de modo tanto mais imediato e profundo quanto mais se aproxima da Cruz de Cristo. Na verdade, aquele que, na sua morte, aparece aos olhos humanos desfigurado e sem beleza, a ponto de obrigar os espectadores a desviar o rosto (cf. Is 53,2-3), manifesta plenamente a beleza e a força do amor de Deus, precisamente na Cruz. Assim o contempla S. Agostinho: «Admirável é Deus, o Verbo junto de Deus. [...] É admirável no céu, admirável na terra; admirável no seio, admirável nos braços dos pais, admirável nos milagres, admirável nos suplícios; admirável quando convida à vida, admirável quando não se preocupa com a morte, admirável ao deixar a vida e admirável ao retomá-la; admirável na Cruz, admirável no sepulcro, admirável no céu. Escutai o cântico com a inteligência, e que a fragilidade da carne não afaste os vossos olhos do esplendor da sua beleza».[41]

A vida consagrada reflete este esplendor do amor, porque confessa, com a sua fidelidade ao mistério da Cruz, que crê e vive do amor do Pai, do Filho e do Espírito Santo. Deste modo, ela contribui para manter viva na Igreja a consciência de que a *Cruz é a superabundância do amor de Deus que*

41. *Enarr. in Psal.,* 44,3: *PL* 36, 495-496.

transborda sobre este mundo, ela é o grande sinal da presença salvífica de Cristo. E isto, especialmente nas dificuldades e nas provações. É o que testemunha, continuamente e com uma coragem digna de profunda admiração, um grande número de pessoas consagradas que vivem em situações difíceis, por vezes mesmo de perseguição e martírio. A sua fidelidade ao único Amor revela-se e aperfeiçoa-se na humildade de uma vida escondida, na aceitação dos sofrimentos para «completar na própria carne o que falta aos sofrimentos de Cristo» (cf. Cl 1,24), no sacrifício silencioso, no abandono à vontade santa de Deus, na serena fidelidade mesmo face ao declínio das próprias forças e importância. Da fidelidade a Deus, brota também a dedicação ao próximo, que as pessoas consagradas vivem, não sem sacrifício, na constante intercessão pelas necessidades dos irmãos, no generoso serviço aos pobres e aos enfermos, na partilha das dificuldades alheias, na solícita participação das preocupações e provas da Igreja.

Testemunhas de Cristo no mundo

25. Do mistério pascal, brota também a *missionariedade,* que é dimensão qualificativa de toda a vida eclesial; mas encontra uma realização especifica na vida consagrada. Para não falar já nos carismas próprios daqueles Institutos que se consagram à missão

ad gentes ou se empenham em atividades justamente de tipo apostólico, há que afirmar que *a missionariedade está inscrita no coração mesmo de toda forma de vida consagrada.* Na medida em que o consagrado vive uma vida dedicada exclusivamente ao Pai (cf. Lc 2,49; Jo 4,34), cativada por Cristo (cf. Jo 15,16; Gl 1,15-16), animada pelo Espírito Santo (cf. Lc 24,49; At 1,8; 2,4), ele coopera eficazmente para a missão do Senhor Jesus (cf. Jo 20,21), contribuindo de modo particularmente profundo para a renovação do mundo.

O dever missionário das pessoas consagradas tem a ver primeiro com elas próprias, e cumprem-no abrindo o seu coração à ação do Espírito de Cristo. O seu testemunho ajuda a Igreja inteira a lembrar-se de que em primeiro lugar está o serviço gratuito de Deus, tornado possível pela graça de Cristo, comunicada ao crente pelo dom do Espírito. Deste modo, é anunciada ao mundo a paz que desce do Pai, a dedicação que é testemunhada pelo Filho, a alegria que é fruto do Espírito Santo.

As pessoas consagradas serão missionárias, antes de mais, aprofundando continuamente a consciência de terem sido chamadas e escolhidas por Deus, para quem devem, por isso mesmo, orientar toda a sua vida e oferecer tudo o que são e possuem, libertando-se dos obstáculos que poderiam retardar a resposta total de amor. Desta forma, poderão tornar-se *um verdadeiro sinal de Cristo no mundo.* Também o seu estilo de vida deve fazer transparecer o ideal que professam, propondo-se como sinal vivo de Deus e como persuasiva pregação, ainda que muitas vezes silenciosa, do Evangelho.

Sempre, mas especialmente na cultura contemporânea muitas vezes tão secularizada e apesar disso sensível à linguagem dos sinais, a Igreja deve-se preocupar por *tornar visível a sua presença na vida cotidiana.* Uma contribuição significativa neste sentido, ela tem direito de esperá-la das pessoas consagradas, chamadas a prestar, em cada situação, um testemunho concreto da sua pertença a Cristo.

Visto que o hábito é sinal de consagração, de pobreza e de pertença a uma determinada família religiosa, unindo-me aos Padres do Sínodo, recomendo vivamente aos religiosos e religiosas que usem o seu hábito, adaptado convenientemente às circunstâncias dos tempos e lugares.[42] Onde válidas exigências apostólicas o aconselharem, poderão, em conformidade com as normas do próprio Instituto, usar um vestuário simples, mas digno, com um símbolo apropriado, de modo que seja reconhecível a sua consagração.

Os Institutos que, já desde a origem ou por disposição das suas constituições, não prevêem um

42. Cf. *propositio* 25; Conc. Ecum. Vat. II, Decr. sobre a renovação da vida religiosa *Perfectae caritatis,* 17.

hábito próprio, cuidem de que o vestuário dos seus membros corresponda, em dignidade e simplicidade, à natureza da sua vocação.[43]

Dimensão escatológica da vida consagrada

26. Dado que hoje as preocupações apostólicas se fazem sentir sempre com maior urgência e o empenho nas coisas deste mundo corre o risco de ser cada vez mais absorvente, torna-se particularmente oportuno chamar a atenção para *a natureza escatológica da vida consagrada.*

«Onde estiver o teu tesouro, aí estará também o teu coração» (Mt 6,21): esse tesouro único, que é o Reino, suscita desejo, expectativa, compromisso e testemunho. Na Igreja primitiva, a expectativa da vinda do Senhor era vivida de modo particularmente intenso. A Igreja não cessou de alimentar esta atitude de esperança, ao longo dos séculos: continuou a convidar os fiéis a levantarem os seus olhos para a salvação pronta a revelar-se, «porque a figura deste mundo passa» (1Cor 7,31; cf. 1Pd 1,3-6).[44]

É neste horizonte que melhor se compreende *a função de sinal escatológico,* própria da vida consagrada. De fato, é constante a doutrina que a apresen-

43. Cf. *propositio* 25.
44. Cf. Conc. Ecum. Vat. II, Const. dogm. sobre a Igreja *Lumen gentium,* 42.

ta como antecipação do Reino futuro. O Concílio Vaticano II reitera este ensinamento, quando afirma que a consagração «preanuncia a ressurreição futura e a glória do Reino celeste».[45] Fá-lo, antes de mais, pela *opção virginal,* concebida sempre pela tradição como *uma antecipação do mundo definitivo,* que já desde agora age e transforma o homem na sua globalidade.

As pessoas que dedicaram a sua vida a Cristo, não podem deixar de viver no desejo de encontrá-lo, para estarem finalmente e para sempre com ele. Daí a esperança ardente, daí o desejo de «entrarem na Fornalha de amor que nelas arde, e que outra coisa não é que o Espírito Santo»:[46] esperança e desejo amparados pelos dons que o Senhor livremente concede a quantos aspiram às coisas do alto (cf. Cl 3,1).

Com o olhar fixo nas coisas do Senhor, a pessoa consagrada lembra que «não temos aqui cidade permanente» (Hb 13,14), porque «somos cidadãos do Céu» (Fl 3,20). A única coisa necessária é buscar «o Reino de Deus e a sua justiça» (Mt 6,33), implorando sem cessar a vinda do Senhor.

---

45. *Ibid.,* 44.

46. B. ISABEL DA TRINDADE, *Le ciel dans la foi. Traité spirituel,* I, 14: *Œuvres complètes* (Paris 1991), 106.

Uma esperança ativa: compromisso e vigilância

27.   «Vem, Senhor Jesus!» (Ap 22,20). Esta esperança está *bem longe de ser passiva:* apesar de apontar para o Reino futuro, ela exprime-se em trabalho e missão, para que o Reino se torne presente já desde agora, através da instauração do espírito das bem-aventuranças, capaz de suscitar anseios eficazes de justiça, paz, solidariedade e perdão, mesmo na sociedade humana.

Isto está amplamente demonstrado na história da vida consagrada, que sempre produziu frutos abundantes mesmo em favor da sociedade. Pelos seus carismas, as pessoas consagradas tornam-se um sinal do Espírito em ordem a um futuro novo, iluminado pela fé e pela esperança cristã. *A tensão escatológica transforma-se em missão,* para que o Reino se afirme de modo crescente, aqui e agora. *A* súplica «Vem, Senhor Jesus!», une-se a outra invocação: «Venha a nós o teu Reino!» (cf. Mt 6,10).

Aquele que espera, vigilante, o cumprimento das promessas de Cristo, é capaz de infundir também esperança nos seus irmãos e irmãs, freqüentemente desanimados e pessimistas relativamente ao futuro. A sua esperança está fundada na promessa de Deus, contida na Palavra revelada: a história dos homens caminha para o novo céu e a nova terra (cf. Ap 21,1), onde o Senhor «enxugará as lágrimas dos seus olhos; não haverá mais morte, nem pranto, nem gritos, nem dor, porque as primeiras coisas passaram» (Ap 21,4).

A vida consagrada está a serviço desta irradiação definitiva da glória divina, quando toda criatura vir a salvação de Deus (cf. Lc 3,6; Is 40,5). O Oriente cristão sublinha esta dimensão, ao considerar os monges como *anjos de Deus sobre a terra,* que anunciam a renovação do mundo em Cristo. No Ocidente, o monaquismo é celebração feita de memória e vigília: *memória* das maravilhas realizadas por Deus, *vigília* do cumprimento definitivo da esperança. A mensagem do monaquismo e da vida contemplativa repete, sem cessar, que o primado de Deus é plenitude de sentido e de alegria para a vida humana, pois o homem está feito para Deus e vive inquieto até encontrar nele a paz.[47]

A Virgem Maria,
modelo de consagração e seguimento

28. Maria é aquela que, desde a sua imaculada concepção, reflete mais perfeitamente a beleza divina. «Toda sois formosa»: com estas palavras, a invoca a Igreja. «A relação com Maria Santíssima, que todo fiel tem em conseqüência da sua união com

47. Cf. S. AGOSTINHO, *Confessiones,* I, 1: *PL* 32, 661.

Cristo, resulta ainda mais acentuada na vida das pessoas consagradas. (...) Em todos [os Institutos de vida consagrada], existe a convicção de que a presença de Maria tem uma importância fundamental, quer para a vida espiritual de cada uma das pessoas consagradas, quer para a consistência, unidade e progresso da inteira comunidade».[48]

Maria é, de fato, *exemplo sublime de perfeita* consagração, pela sua pertença plena e dedicação total a Deus. Escolhida pelo Senhor, que nela quis cumprir o mistério da Encarnação, lembra aos consagrados o *primado da iniciativa de Deus*. Ao mesmo tempo, dando o seu consentimento à Palavra divina que nela se fez carne, Maria aparece como *modelo de acolhimento da graça* por parte da criatura humana.

Unida a Cristo, juntamente com José, na vida escondida de Nazaré, presente junto do Filho em momentos cruciais da sua vida pública, a Virgem é mestra de seguimento incondicional e de assíduo serviço. Assim nela, «templo do Espírito Santo»,[49] brilha todo o esplendor da nova criatura. A vida consagrada contempla-a como modelo sublime de consagração ao Pai, de união com o Filho e de docilidade

48. João Paulo II, Discurso na Audiência Geral (29 de março de 1995), 1: *L'Osservatore Romano* (ed. portuguesa: 1 de abril de 1995), 24.

49. Conc. Ecum. Vat. II, Const. dogm. sobre a Igreja *Lumen gentium,* 53.

ao Espírito, na certeza de que aderir «ao gênero de vida virginal e pobre»[50] de Cristo significa assumir também o gênero de vida de Maria.

Mas na Virgem, a pessoa consagrada encontra ainda uma *Mãe por um título absolutamente especial*. De fato, se a nova maternidade conferida a Maria no Calvário é um dom feito a todos os cristãos, tem um valor específico para quem consagrou plenamente a própria vida a Cristo. «Eis aí a tua Mãe» (Jo 19,27): estas palavras de Jesus, dirigidas ao discípulo «que ele amava» (Jo 19,26), assumem uma profundidade particular na vida da pessoa consagrada. De fato, esta é chamada, como João, a tomar consigo Maria Santíssima (cf. Jo 19,27), amando-a e imitando-a com a radicalidade própria da sua vocação, e experimentando da parte dela, em contrapartida, uma especial ternura materna. A Virgem comunica-lhe aquele amor que lhe permite oferecer todos os dias a vida por Cristo, cooperando com ele na salvação do mundo. Por isso, a relação filial com Maria constitui o caminho privilegiado para a fidelidade à vocação recebida e uma ajuda muito eficaz para nela progredir e vivê-la em plenitude.[51]

50. *Ibid.*, 46.
51. Cf. *propositio* 55.

III. NA IGREJA E PARA A IGREJA

«É bom estarmos aqui»:
a vida consagrada no mistério da Igreja

29.   Na cena da Transfiguração, Pedro fala em nome dos outros apóstolos: «É bom [nós] estarmos aqui» (Mt 17,4). A experiência da glória de Cristo, apesar de lhe inebriar a mente e o coração, não o isola, antes, pelo contrário, liga-o mais profundamente ao «nós» que são os discípulos.

Esta dimensão do «nós» leva-nos a considerar o lugar que a vida consagrada ocupa no *mistério da Igreja*. Nestes anos, a reflexão teológica acerca da natureza da vida consagrada aprofundou as novas perspectivas derivadas da doutrina do Concílio Vaticano II. À sua luz, constatou-se que a profissão dos conselhos evangélicos *pertence indiscutivelmente à vida e à santidade da Igreja*.[52] Isto significa que a vida consagrada, presente na Igreja desde os primeiros tempos, nunca poderá faltar nela, enquanto seu elemento imprescindível e qualificativo, expressão da sua própria natureza.

Isto resulta evidente do fato de a profissão dos conselhos evangélicos estar intimamente ligada com o mistério de Cristo, já que tem a função de tornar de algum modo presente a forma de vida que ele

---

52. Cf. CONC. ECUM. VAT. II, Const. dogm. sobre a Igreja *Lumen gentium*, 44.

escolheu, apontando-a como valor absoluto e escatológico. O próprio Jesus, ao chamar algumas pessoas a deixarem tudo para o seguirem, inaugurou este gênero de vida que, sob a ação do Espírito, se desenvolverá gradualmente, ao longo dos séculos, nas várias formas de vida consagrada. Portanto, a concepção de uma Igreja composta unicamente por ministros sagrados e por leigos não corresponde às intenções do seu divino Fundador, tais como no-las apresentam os Evangelhos e outros escritos neotestamentários.

A *nova e especial consagração*

30.   Na tradição da Igreja, a profissão religiosa é considerada como *um singular e fecundo aprofundamento da consagração* batismal, visto que nela a união íntima com Cristo, já inaugurada no Batismo, evolui para o dom de uma conformação expressa e realizada mais perfeitamente, através da profissão dos conselhos evangélicos.[53]

Todavia esta nova consagração reveste uma sua peculiaridade relativamente à primeira, da qual não é uma conseqüência necessária.[54] Na verdade, todo

53. Cf. João Paulo II, Exort. ap. *Redemptoris donum* (25 de março de 1984), 7: *AAS* 76 (1984), 522-524.

54. Cf. Conc. Ecum. Vat. II, Const. dogm. sobre a Igreja *Lumen gentium,* 44; João Paulo II, Discurso na Audiência Ge-

aquele que foi regenerado em Cristo é chamado a viver, pela força que lhe vem do dom do Espírito, a castidade própria do seu estado de vida, a obediência a Deus e à Igreja, e um razoável desapego dos bens materiais, porque todos são chamados à santidade, que consiste na perfeição da caridade.[55] Mas o Batismo, por si mesmo, não comporta o chamado ao celibato ou à virgindade, a renúncia à posse dos bens, e a obediência a um superior, na forma exigida pelos conselhos evangélicos. Portanto, a profissão destes últimos supõe um dom particular de Deus não concedido a todos, como Jesus mesmo sublinha no caso do celibato voluntário (cf. Mt 19, 10-12).

A este chamado especial corresponde, de resto, *um dom específico do Espírito Santo,* para que a pessoa consagrada possa responder à sua vocação e missão. Por isso, como testemunham as liturgias do Oriente e do Ocidente no rito da profissão monástica ou religiosa e na consagração das virgens, a Igreja invoca sobre as pessoas escolhidas o dom do Espírito Santo, e associa a sua oblação ao sacrifício de Cristo.[56]

---

ral (26 de outubro de 1994), 5: *L'Osservatore Romano* (ed. portuguesa: 29 de outubro de 1994), 24.

55. Cf. CONC. ECUM. VAT. II, Const. dogm. sobre a Igreja *Lumen gentium,* 42.

56. Cf. RITUAL ROMANO, *Rito da Profissão Religiosa:* bênção solene ou consagração dos professos (n. 67) e das professas (n. 72); PONTIFICAL ROMANO, *Rito da Consagração das Virgens,*

A profissão dos conselhos evangélicos é *um desenvolvimento também da graça do sacramento da Confirmação,* mas ultrapassa as exigências normais da consagração crismal em virtude de um dom particular do Espírito, que predispõe para novas possibilidades e novos frutos de santidade e de apostolado, como o demonstra a história da vida consagrada.

Quanto aos sacerdotes que fazem a profissão dos conselhos evangélicos, a experiência demonstra que *o sacramento da Ordem encontra uma fecundidade peculiar em tal consagração,* visto que esta requer e favorece a exigência de uma pertença mais íntima ao Senhor. O sacerdote que faz a profissão dos conselhos evangélicos fica particularmente habilitado para reviver em si próprio a plenitude do mistério de Cristo, graças inclusivamente à espiritualidade peculiar do próprio Instituto e à dimensão apostólica do respectivo carisma. No presbítero, com efeito, a vocação ao sacerdócio e à vida consagrada convergem numa unidade profunda e dinâmica.

Valor incalculável tem também a contribuição dada à vida da Igreja pelos religiosos sacerdotes, dedicados integralmente à contemplação. Especial-

---

n. 38: oração solene de consagração; Eucologion sive Rituale Graecorum, *Officium parvi habitum id est Mandiae,* 384-385; Pontificale iuxta Ritum Ecclesiae Syrorum Occidentalium id est Antiochiae, *Ordo ·rituum monasticorum* (Tipografia Poliglota Vaticana 1942), 307-309.

mente na Celebração Eucarística, eles cumprem um ato da Igreja e para a Igreja, ao qual unem a oferta de si próprios, em comunhão com Cristo que se oferece ao Pai pela salvação de todo o mundo.[57]

As relações
entre os vários estados de vida do cristão

31.   As diversas formas de vida, em que, segundo o desígnio de Cristo Senhor, se articula a vida eclesial, apresentam recíprocas relações, sobre as quais convém deter-se.

Todos os fiéis, em virtude da sua regeneração em Cristo, compartilham a mesma dignidade; todos são chamados à santidade; todos cooperam para a edificação do único Corpo de Cristo, cada qual segundo a própria vocação e o dom recebido do Espírito (cf. Rm 12,3-8).[58] A dignidade igual entre todos os membros da Igreja é obra do Espírito, está fundada no Batismo e na Confirmação, e é corroborada pela Eucaristia. Mas é também obra do Espírito a multiplicidade de formas. É ele que faz da Igreja

57. Cf. S. PEDRO DAMIÃO, *Liber qui appellatur «Dominus vobiscum» ad Leonem eremitam: PL* 145, 231-252.

58. Cf. CONC. ECUM. VAT. II, Const. dogm. sobre a Igreja *Lumen gentium* 32; *Código de Direito canônico,* cân. 208; *Código dos Cânones das Igrejas Orientais,* cân. 11.

uma comunhão orgânica na sua diversidade de vocações, carismas e ministérios.[59]

As vocações à vida laical, ao ministério ordenado e à vida consagrada podem-se considerar paradigmáticas, uma vez que todas as vocações particulares, sob um aspecto ou outro, se inspiram ou conduzem àquelas, assumidas separada ou conjuntamente, segundo a riqueza do dom de Deus. Além disso, elas estão a serviço umas das outras, em ordem ao crescimento do Corpo de Cristo na história e à sua missão no mundo. Todos, na Igreja, são consagrados no Batismo e na Confirmação, mas o ministério ordenado e a vida consagrada supõem, cada qual, uma distinta vocação e uma forma específica de consagração, com vista a uma missão peculiar.

Para a missão dos *leigos* — aos quais compete «procurar o Reino de Deus, tratando das realidades temporais e ordenando-as segundo Deus»[60] —, é fun-

---

59. Cf. CONC. ECUM. VAT. II, Decr. sobre a atividade missionária da Igreja *Ad gentes,* 4; Const. dogm. sobre a Igreja *Lumen gentium,* 4. 12. 13; Const. past. sobre a Igreja no mundo contemporâneo *Gaudium et spes,* 32; Decr. sobre o apostolado dos leigos *Apostolicam actuositatem,* 3; JOÃO PAULO II, Exort. ap. pós-sinodal *Christifideles laici* (30 de dezembro de 1988), 20-21: *AAS* 81 (1989), 425-428; CONGREGAÇÃO PARA A DOUTRINA DA FÉ, Carta aos Bispos da Igreja Católica sobre alguns aspectos da Igreja, entendida como comunhão *Communionis notio* (28 de maio de 1992), 15: *AAS* 85 (1993), 847.

60. CONC. ECUM. VAT. II, Const. dogm. sobre a Igreja *Lumen gentium,* 31.

damento adequado a consagração batismal e crismal, comum a todos os membros do Povo de Deus. Os *ministros ordenados,* além dessa consagração fundamental, recebem também a da Ordenação, para continuar no tempo o ministério apostólico. As *pessoas consagradas,* que abraçam os conselhos evangélicos, recebem uma nova e especial consagração que, apesar de não ser sacramental, as compromete a assumirem — no celibato, na pobreza e na obediência — a forma de vida praticada pessoalmente por Jesus, e por ele proposta aos discípulos. Embora estas diversas categorias sejam manifestação do único mistério de Cristo, os leigos têm como característica peculiar, embora não exclusiva, a secularidade, os pastores a «ministerialidade», os consagrados a conformação especial a Cristo virgem, pobre e obediente.

O valor especial da vida consagrada

32.   Neste conjunto harmonioso de dons, está confiado a cada um dos estados de vida fundamentais o encargo de exprimir, ao próprio nível, ora uma ora outra das dimensões do único mistério de Cristo. Se, para fazer ressoar o anúncio evangélico no âmbito das realidades temporais, tem *uma missão particular a vida laical,* no âmbito da comunhão eclesial *um ministério insubstituível é desempenhado por aqueles que estão constituídos na Ordem sagrada,* de

modo especial pelos Bispos. Estes têm a tarefa de guiar o Povo de Deus, mediante o ensinamento da Palavra, a administração dos Sacramentos e o exercício do poder sagrado a serviço da comunhão eclesial, que é comunhão orgânica e hierarquicamente ordenada.[61]

Na manifestação da santidade da Igreja, *há que reconhecer uma objetiva primazia à vida consagrada,* que reflete o próprio modo de viver de Cristo. Por isso mesmo, nela se encontra uma manifestação particularmente rica dos valores evangélicos e uma atuação mais completa do objetivo da Igreja que é a santificação da humanidade. A vida consagrada anuncia e de certo modo antecipa o tempo futuro, quando, alcançada a plenitude daquele Reino dos céus que agora está presente apenas em gérmen e no mistério,[62] os filhos da ressurreição não tomarão esposa nem marido, mas serão como anjos de Deus (cf. Mt 22,30).

De efeito, a primazia da castidade perfeita pelo Reino,[63] justamente considerada a «porta» de toda a

61. Cf. *ibid.,* 12; João Paulo II, Exort. ap. pós-sinodal *Christifideles laici* (30 de dezembro de 1988), 20-21: *AAS* 81 (1989), 425-428.

62. Cf. Conc. Ecum. Vat. II, Const. dogm. sobre a Igreja *Lumen gentium,* 5.

63. Cf. Concílio de Trento, sess. XXIV, cân. 10: *DzS* 1810; Pio XII, Carta enc. *Sacra virginitas* (25 de março de 1954): *AAS* 46 (1954), 176.

vida consagrada,[64] é objeto do ensinamento constante da Igreja. De resto, esta dedica grande estima também à vocação ao matrimônio, que torna os esposos «testemunhas e cooperadores da fecundidade da Igreja, nossa mãe, em sinal e participação daquele amor, com que Cristo amou a sua Esposa e por ela se entregou».[65]

Neste horizonte comum a toda a vida consagrada, articulam-se caminhos distintos entre si, mas complementares. Os religiosos e religiosas *dedicados integralmente à contemplação* são, de modo especial, imagem de Cristo em oração sobre o monte.[66] As pessoas consagradas de *vida ativa* manifestam Jesus «anunciando às multidões o Reino de Deus, curando os doentes e feridos, trazendo os pecadores à conversão, abençoando as criancinhas e fazendo o bem a todos».[67] Um particular serviço ao advento do Reino de Deus, prestam-no as pessoas consagradas nos *Institutos Seculares,* que unem, numa síntese específica, o valor da consagração com o da secularidade. Vivendo a sua consagração no século e a partir do século,[68] elas «esforçam-se, à maneira de fermen-

64. Cf. *propositio* 17.

65. Conc. Ecum. Vat. II, Const. dogm. sobre a Igreja *Lumen gentium,* 41.

66. Cf. *ibid.,* 46.

67. *Ibid.,* 46.

68. Cf. Pio XII, Motu próprio *Primo feliciter* (12 de março de 1948), 6: *AAS* 40 (1948), 285.

to, por impregnar todas as coisas do espírito do Evangelho para robustecimento e incremento do Corpo de Cristo».[69] Com vista a tal fim, participam na função evangelizadora da Igreja, mediante o testemunho pessoal de vida cristã, o empenho de que as realidades temporais sejam ordenadas segundo Deus, a colaboração no serviço da comunidade eclesial, segundo o estilo de vida secular que lhes é próprio.[70]

Testemunhar o Evangelho das bem-aventuranças

33.   Missão peculiar da vida consagrada é *manter viva nos batizados a consciência dos valores fundamentais do Evangelho,* graças ao seu «magnífico e privilegiado testemunho de que não se pode transfigurar o mundo e oferecê-lo a Deus sem o espírito das bem-aventuranças».[71] Deste modo, a vida consagrada suscita continuamente, na consciência do Povo de Deus, a exigência de responder com a santidade de vida ao amor de Deus derramado nos corações pelo Espírito Santo (cf. Rm 5,5), refletindo na con-

69. *Código de Direito Canônico,* cân. 713, § 1; cf. *Código dos Cânones das Igrejas Orientais,* cân. 563, § 2.

70. Cf. *Código de Direito Canônico,* cân. 713, § 2. Uma palavra relativa especificamente aos «membros clérigos» aparece no § 3 deste mesmo cân. 713.

71. CONC. ECUM. VAT. II, Const. dogm. sobre a Igreja *Lumen gentium,* 31.

duta a consagração sacramental realizada por ação de Deus no Batismo, na Confirmação, ou na Ordem. Na verdade, é preciso que da santidade comunicada nos sacramentos se passe à santidade da vida cotidiana. A vida consagrada existe na Igreja precisamente para se pôr a serviço da consagração da vida de todo fiel, leigo ou clérigo.

Por outro lado, não se deve esquecer que também os consagrados recebem, do testemunho próprio das outras vocações, uma ajuda para viver integralmente a adesão ao mistério de Cristo e da Igreja, nas suas múltiplas dimensões. Graças a este enriquecimento recíproco, torna-se mais eloqüente e eficaz a missão da vida consagrada: mantendo fixo o seu olhar na paz futura, indica como meta aos irmãos e irmãs a Bem-aventurança definitiva junto de Deus.

Imagem viva da Igreja-Esposa

34.   Particular relevo tem o significado esponsal da vida consagrada, que reflete a exigência de a Igreja viver em doação plena e exclusiva para seu Esposo, do qual recebe todo o bem. Nesta dimensão esponsal característica de toda a vida consagrada, é sobretudo a mulher que se reconhece de modo singular em sua própria identidade, de certa forma descobrindo aí a índole especial do seu relacionamento com o Senhor.

A tal propósito, é sugestivo o texto neotesta-mentário que apresenta Maria reunida com os Após-tolos, no Cenáculo, aguardando em oração a vinda do Espírito Santo (cf. At 1,13-14). Pode-se ver aqui uma expressiva imagem da Igreja-Esposa, atenta aos sinais do Esposo e pronta a acolher o seu dom. Na figura de Pedro e demais apóstolos, ressalta sobretu-do a dimensão da fecundidade operada pelo ministé-rio eclesial, que se faz instrumento do Espírito para a geração de novos filhos através da proclamação da Palavra, da celebração dos Sacramentos e pela soli-citude pastoral. Já em Maria, é particularmente viva a dimensão do acolhimento esponsal com que a Igre-ja faz frutificar em si mesma a vida divina, através da totalidade do seu amor virginal.

A vida consagrada sempre foi identificada de modo especial com esta parte de Maria, a Virgem Esposa. Deste amor virginal, provém uma particular fecundidade que contribui para o nascimento e cres-cimento da vida divina nos corações.[72] A pessoa con-sagrada, seguindo o exemplo de Maria, nova Eva, exprime a sua fecundidade espiritual, tornando-se aco-lhedora da Palavra, para colaborar na construção da nova humanidade com a sua dedicação incondicio-nal e o seu testemunho vivo. Desta forma, a Igreja manifesta plenamente a sua maternidade, quer medi-

72. S. Teresa do Menino Jesus, *Manuscrits autobiographiques*, B, 2vs: «Ser vossa esposa, ó Jesus, (...) ser, na minha união convosco, mãe das almas».

ante a comunicação da ação divina confiada a Pedro, quer através do acolhimento responsável do dom divino, típico de Maria.

O povo cristão, por seu lado, encontra no ministério ordenado os meios de salvação, e na vida consagrada o estímulo para uma resposta integral de amor em cada uma das várias formas de diaconia.[73]

IV. GUIADOS PELO ESPÍRITO DE SANTIDADE

Existência «transfigurada»: a vocação à santidade

35.   «Ao ouvirem isto, os discípulos caíram por terra, muito assustados» (Mt 17,6). No episódio da Transfiguração, os sinóticos põem em evidência, embora com acentuações diferentes, a sensação de temor que se apodera dos discípulos. O fascínio do rosto transfigurado de Cristo não os impede de se sentirem assustados diante da Majestade divina que os ultrapassa. Sempre que o homem vislumbra a glória de Deus, faz também a experiência da sua pequenez, provocando nele uma sensação de medo. Este temor é salutar. Recorda ao homem a perfeição divina, e ao mesmo tempo incita-o com um premente apelo à «santidade».

---

73. Cf. Conc. Ecum. Vat. II, Decr. sobre a renovação da vida religiosa *Perfectae caritatis,* 8; 10; 12.

Todos os filhos da Igreja, chamados pelo Pai a «escutar» Cristo, não podem deixar de sentir *uma profunda exigência de conversão e de santidade*. Mas, como se salientou no Sínodo, esta exigência chama em causa, em primeiro lugar, a vida consagrada. Na verdade, a vocação recebida pelas pessoas consagradas para procurarem acima de tudo o Reino de Deus é, antes de mais nada, um chamado à conversão plena, renunciando a si próprias para viverem totalmente do Senhor, a fim de que Deus seja tudo em todos. Chamados a contemplar e a testemunhar o rosto «transfigurado» de Cristo, os consagrados são chamados também a uma existência transfigurada.

A respeito disto, é significativo o que se diz na *Relação final* da II Assembléia Extraordinária do Sínodo: «Os santos e as santas sempre foram fonte e origem de renovação nas circunstâncias mais difíceis, ao longo de toda a história da Igreja. Hoje, temos muita necessidade de santos, graça esta que devemos implorar continuamente a Deus. Os Institutos de vida consagrada, mediante a profissão dos conselhos evangélicos, devem estar conscientes da sua especial missão na Igreja de hoje, e nós devemos encorajá-los nessa sua missão».[74] Estas considera-

74. Sínodo dos Bispos – II Assembléia Geral Extraordinária, Relação final *Ecclesia sub verbo Dei mysteria Christi celebrans pro salute mundi* (7 de dezembro de 1985), II-A, 4: *L'Osservatore Romano* (ed. portuguesa, 22 de dezembro de 1985), 6.

ções encontraram eco nos Padres desta IX Assembléia sinodal, quando afirmam: «A vida consagrada foi, através da história da Igreja, uma presença viva desta ação do Espírito, como um espaço privilegiado de amor absoluto a Deus e ao próximo, testemunho do projeto divino de fazer de toda a humanidade, dentro da civilização do amor, a grande família dos filhos de Deus».[75]

A Igreja sempre viu na profissão dos conselhos evangélicos um caminho privilegiado para a santidade. As próprias expressões com que é designada — escola do serviço do Senhor, escola de amor e de santidade, caminho ou estado de perfeição — já manifestam quer a eficácia e a riqueza dos meios próprios desta forma de vida evangélica, quer o especial empenho requerido àqueles que a abraçam.[76] Não foi por acaso que, no decorrer dos séculos, tantos consagrados deixaram eloqüentes testemunhos de santidade e realizaram façanhas de evangelização e de serviço, particularmente generosas e árduas.

---

75. SÍNODO DOS BISPOS – IX Assembléia Geral Ordinária, *Mensagem do Sínodo* (27 de outubro de 1994), IX: *L'Osservatore Romano* (ed. portuguesa: 5 de novembro de 1994), 3.

76. Cf. S. TOMÁS DE AQUINO, *Summa Theologiae,* II-II, q. 184, a. 5, ad 2um; II-II, q. 186, a. 2, ad 1um.

Fidelidade ao carisma

36.   No seguimento de Cristo e no amor pela sua Pessoa, existem alguns pontos referentes ao crescimento da santidade na vida consagrada, que atualmente merecem ser colocados em particular evidência.

Antes de mais, exige-se a *fidelidade ao carisma de fundação* e sucessivo patrimônio espiritual de cada Instituto. Precisamente nessa fidelidade à inspiração dos fundadores e fundadoras, dom do Espírito Santo, se descobrem mais facilmente e se revivem com maior fervor os elementos essenciais da vida consagrada.

Na verdade, cada carisma tem, na sua origem, um tríplice encaminhamento: primeiro, encaminhamento *para o Pai,* no desejo de procurar filialmente a sua vontade através de um processo contínuo de conversão, no qual a obediência é fonte de verdadeira liberdade, a castidade exprime a tensão de um coração insatisfeito com todo o amor finito, a pobreza alimenta aquela fome e sede de justiça que Deus prometeu saciar (cf. Mt 5,6). Nesta perspectiva, o carisma de cada Instituto impelirá a pessoa consagrada a ser toda de Deus, a falar com Deus ou de Deus — como se diz de S. Domingos[77] —, para

77. Cf. *Libellus de principiis Ordinis Praedicatorum. Acta canonizationis Sancti Dominici: Monumenta Ordinis Praedicatorum historica,* 16 (1935), 30.

saborear como o Senhor é bom (cf. Sl 34/33,9), em todas as situações.

Os carismas de vida consagrada implicam também um encaminhamento *para o Filho,* com quem induzem a cultivar uma íntima e feliz comunhão de vida, na escola do seu serviço generoso a Deus e aos irmãos. Deste modo, «o olhar, progressivamente cristificado, aprende a separar-se da exterioridade, do turbilhão dos sentidos, isto é, de tudo aquilo que impede ao homem aquela suave disponibilidade a deixar-se dominar pelo Espírito»,[78] e permite assim partir em missão com Cristo, trabalhando e sofrendo com ele na difusão do seu Reino.

Todo carisma comporta, enfim, um encaminhamento *para o Espírito Santo,* enquanto dispõe a pessoa a deixar-se guiar e sustentar por ele, tanto no próprio caminho espiritual como na vida de comunhão e na ação apostólica, para viver naquela atitude de serviço que deve inspirar toda opção de um autêntico cristão.

Com efeito, é sempre esta tríplice relação que transparece em cada carisma de fundação, naturalmente com os traços específicos dos vários modelos de vida, precisamente pelo fato de predominar naquele «um profundo ardor do espírito de se configurar com Cristo, para testemunhar algum aspecto do

78. João Paulo II, Carta ap. *Orientale lumen* (2 de maio de 1995), 12: *AAS* 87 (1995), 758.

seu mistério»,[79] aspecto esse que se há-de encarnar e desenvolver na mais genuína tradição do Instituto, segundo as Regras, as Constituições e os Estatutos.[80]

Fidelidade criativa

37. Deste modo, os Institutos são convidados a repropor corajosamente o espírito de iniciativa, a criatividade e a santidade dos fundadores e fundadoras, como resposta aos sinais dos tempos visíveis no mundo de hoje.[81] Este convite é, primeiramente, um apelo à perseverança no caminho da santidade, através das dificuldades materiais e espirituais que marcam as vicissitudes diárias. Mas é, também, um apelo a conseguir a competência no próprio trabalho e a cultivar uma fidelidade dinâmica à própria missão, adaptando, quando for necessário, as suas formas às novas situações e às várias necessidades, com plena docilidade à inspiração divina e ao discernimento eclesial. Contudo, é preciso manter viva a convicção de que a garantia de toda a renovação, que pretenda permanecer fiel à inspiração originária, está na busca

---

79. Congregação para os Religiosos e os Institutos Seculares e Congregação para os Bispos, Diretrizes para as relações entre os Bispos e os Religiosos na Igreja *Mutuae relationes* (14 de maio de 1978), 51: *AAS* 70 (1978), 500.

80. Cf. *propositio* 26.

81. Cf. *propositio* 27.

de uma conformidade cada vez mais plena com o Senhor.[82]

Neste espírito, hoje torna-se urgente em cada Instituto a necessidade de *uma renovada referência à Regra,* pois, nela e nas Constituições, se encerra um itinerário de seguimento, qualificado por um carisma específico e autenticado pela Igreja. Uma maior consideração pela Regra não deixará de proporcionar às pessoas consagradas um critério seguro para procurar as formas adequadas para um testemunho capaz de responder às exigências atuais, sem se afastar da inspiração inicial.

Oração e ascese: o combate espiritual

38. A vocação à santidade só pode ser acolhida e cultivada *no silêncio da adoração* na presença da transcendência infinita de Deus: «Devemos confessar que todos precisamos deste silêncio repleto de presença adoradora: a teologia, para poder valorizar plenamente a própria alma sapiencial e espiritual; a oração, para que nunca esqueça que ver Deus significa descer do monte com um rosto tão radiante ao ponto de sermos obrigados a cobri-lo com um véu (cf. Ex 34,33) [...]; o compromisso, para renunciar a fechar-se numa luta sem amor e perdão. [...] Todos,

82. Cf. Conc. Ecum. Vat. II, Decr. sobre a renovação da vida religiosa *Perfectae caritatis,* 2.

crentes e não-crentes, precisam de aprender um silêncio que permita ao outro falar, quando e como quiser, e a nós compreender esta palavra».[83] Isto exige, concretamente, uma grande fidelidade à oração litúrgica e pessoal, aos tempos dedicados à oração mental e à contemplação, à adoração eucarística, aos dias de recolhimento mensais e aos retiros espirituais.

É preciso redescobrir também *os meios ascéticos*, típicos da tradição espiritual da Igreja e do próprio Instituto. Eles foram, e continuam sendo, um auxílio poderoso para um autêntico caminho de santidade. Ajudando a dominar e a corrigir as tendências da natureza humana ferida pelo pecado, a ascese é verdadeiramente indispensável para a pessoa consagrada permanecer fiel à própria vocação e seguir Jesus pelo caminho da Cruz.

Também se torna necessário identificar e vencer algumas tentações que às vezes se apresentam, por insídia diabólica, sob a falsa aparência de bem. Assim, por exemplo, a exigência legítima de conhecer a sociedade atual, para responder aos seus desafios, pode induzir a ceder a modas efêmeras, com a diminuição do fervor espiritual ou com atitudes de desânimo. A possibilidade de uma formação espiritual mais elevada poderá levar as pessoas consagradas a um certo sentimento de superioridade relativamente aos outros fiéis, enquanto a urgência de uma

83. João Paulo II, Carta ap. *Orientale lumen* (2 de maio de 1995), 16: *AAS* 87 (1995), 762.

legítima e indispensável habilitação se pode transformar numa busca exacerbada de eficiência como se o serviço apostólico dependesse prevalentemente dos meios humanos, e não de Deus. O desejo louvável de solidarizar-se com os homens e mulheres do nosso tempo, crentes e não-crentes, pobres e ricos, pode levar à adoção de um estilo de vida secularizado ou a uma promoção dos valores humanos em sentido puramente horizontal. A partilha das instâncias legítimas da própria nação ou cultura poderá induzir a abraçar formas de nacionalismo ou a acolher elementos da tradição, que, ao contrário, precisam ser purificados e elevados à luz do Evangelho.

O caminho que conduz à santidade comporta, pois, *a adoção do combate espiritual.* É um dado exigente, ao qual hoje nem sempre se dedica a necessária atenção. Muitas vezes a tradição viu representado este combate espiritual na luta de Jacó com o mistério de Deus, que ele afronta para ter acesso à sua bênção e à sua visão (cf. Gn 32,23-31). Neste episódio dos primórdios da história bíblica, as pessoas consagradas podem ler o símbolo do empenho ascético de que têm necessidade para dilatar o coração e abri-lo ao acolhimento do Senhor e dos irmãos.

Promover a santidade

39.   Um renovado empenho de santidade das pessoas consagradas é hoje mais necessário do que nunca para *favorecer e apoiar a tensão de todo cristão para a perfeição.* «É necessário, por conseguinte, suscitar em cada fiel um verdadeiro anseio de santidade, um forte desejo de conversão e renovação pessoal num clima de oração cada vez mais intensa e de solidário acolhimento do próximo, especialmente do mais necessitado».[84]

As pessoas consagradas, na medida em que aprofundam a sua própria amizade com Deus, ficam em condições de ajudar os irmãos e irmãs com válidas iniciativas espirituais, como escolas de oração, retiros espirituais, jornadas de deserto, escuta e direção espiritual. Deste modo, facilita-se o progresso na oração a pessoas que poderão, depois, realizar um melhor discernimento da vontade de Deus sobre elas próprias, e decidir-se por opções corajosas, às vezes heróicas, exigidas pela fé. Com efeito, as pessoas consagradas, «pelo mais profundo do seu ser, situam-se no dinamismo da Igreja, sequiosa do Absoluto, que é Deus, e chamado à santidade. É desta santidade que dão testemunho».[85] O fato de todos serem

---

84. João Paulo II, Carta ap. *Tertio millenio adveniente* (10 de novembro de 1994), 42: *AAS* 87 (1995), 32.

85. Paulo VI, Exort. ap. *Evangelii nuntiandi* (8 de dezembro de 1975), 69: *AAS* 68 (1976), 58.

chamados a tornar-se santos, não pode senão estimular ainda mais aqueles que, pela própria opção de vida que fizeram, têm a missão de o recordar aos outros.

«Levantai-vos e não tenhais medo»:
uma renovada confiança

40. «Aproximando-se deles, Jesus tocou-os, dizendo: 'Levantai-vos e não tenhais medo'» (Mt 17,7). Como os três apóstolos no episódio da Transfiguração, as pessoas consagradas sabem por experiência que a sua vida nem sempre é iluminada por aquele fervor sensível que faz exclamar: «É bom estarmos aqui» (Mt 17,4). Porém, é sempre uma vida «tocada» pela mão de Cristo, atingida pela sua voz, sustentada pela sua graça.

«Levantai-vos e não tenhais medo». Este encorajamento do Mestre é dirigido obviamente a todo cristão. Mas, por maior força de razão, vale para quem foi chamado a «deixar tudo» e, portanto, a «arriscar tudo» por Cristo. Isto vale, de modo particular, quando, com o Mestre, se desce do «monte» para tomar o caminho que do Tabor leva ao Calvário.

Ao referir que Moisés e Elias falavam com Cristo do seu mistério pascal, Lucas significativamente usa o termo «partida» *[éxodos]: «falavam da sua partida que iria consumar-se em Jerusalém» (Lc*

9,31). «Êxodo»: palavra fundamental da revelação à qual toda a história da salvação faz referência e que exprime o sentido profundo do mistério pascal. Tema particularmente grato à espiritualidade da vida consagrada e que manifesta bem o seu significado. Nele, está inevitavelmente incluído o que pertence ao *mysterium Crucis.* Mas este difícil «caminho exodal», visto da perspectiva do Tabor, aparece colocado entre duas luzes: a luz preanunciadora da Transfiguração e a luz definitiva da Ressurreição.

A vocação à vida consagrada — no horizonte de toda a vida cristã —, não obstante as suas renúncias e provas, antes em virtude delas, é um *caminho «de luz»,* sobre o qual vela o olhar do Redentor: *«Levantai-vos e não tenhais medo».*

CAPÍTULO II

SIGNUM FRATERNITATIS

A VIDA CONSAGRADA,
SINAL DE COMUNHÃO NA IGREJA

I. VALORES PERMANENTES

A imagem da Trindade

41.   Durante a sua vida terrena, o Senhor Jesus chamou aqueles que quis, para andarem com ele e ensiná-los a viver, segundo o seu exemplo, para o Pai e para a missão dele recebida (cf. Mc 3,13-15). Inaugurava assim aquela nova família da qual haveriam de fazer parte, ao longo dos séculos, quantos estivessem prontos a «cumprir a vontade de Deus» (cf. Mc 3,32-35). Depois da Ascensão, mercê do dom do Espírito, constituiu-se ao redor dos Apóstolos uma comunidade fraterna, unida no louvor de Deus e por uma concreta experiência de comunhão (cf. At 2,42-47; 4,32-35). A vida dessa comunidade e mais ainda a experiência de plena partilha com Cristo, vivida pelos Doze, foram constantemente *o modelo em que a Igreja se inspirou,* quando quis reviver o fervor das origens e

retomar, com novo vigor evangélico, o seu caminho na história.[86]

Na realidade, *a Igreja é essencialmente um mistério de comunhão,* «um povo unido pela unidade do Pai e do Filho e do Espírito Santo».[87] A vida fraterna procura refletir a profundidade e a riqueza desse mistério, apresentando-se como um espaço humano habitado pela Trindade, que difunde assim na história os dons da comunhão próprios das três Pessoas divinas. Na vida eclesial, são muitos os âmbitos e as modalidades em que se exprime a comunhão fraterna. À vida consagrada pertence certamente o mérito de ter contribuído eficazmente para manter viva na Igreja a exigência da fraternidade como confissão da Trindade. Com a incessante promoção do amor fraterno, mesmo sob a forma de vida comum, a vida consagrada revelou que *a participação na comunhão trinitária pode mudar as relações humanas,* criando um novo tipo de solidariedade. Deste modo, ela indica aos homens quer a sublimidade da comunhão fraterna, quer os caminhos concretos que a esta conduzem. De fato, as pessoas consagradas vivem «para» Deus e «de» Deus, e por isso mesmo podem teste-

---

86. Cf. Conc. Ecum. Vat. II, Decr. sobre a renovação da vida religiosa *Perfectae caritatis,* 15; S. Agostinho, *Regula ad servos Dei,* 1,1: *PL* 32, 1372.

87. S. Cipriano, *De oratione Dominica,* 23: *PL* 4, 553; cf. Conc. Ecum. Vat. II, Const. dogm. sobre a Igreja *Lumen gentium,* 4.

munhar a força da ação reconciliadora da graça, que abate os dinamismos desagregadores presentes no coração do homem e nas relações sociais.

Vida fraterna no amor

42. A vida fraterna, concebida como vida partilhada no amor, é sinal eloqüente da comunhão eclesial. Com particular cuidado, é cultivada pelos Institutos religiosos e pelas Sociedades de Vida Apostólica, onde adquire especial significado a vida em comunidade.[88] Mas a dimensão da comunhão fraterna está presente também nos Institutos seculares e mesmo nas formas individuais de vida consagrada. Os eremitas, na profundidade da sua solidão, não se subtraem à comunhão eclesial, antes pelo contrário, servem-na com o seu específico carisma contemplativo; as virgens consagradas, no século, realizam a sua consagração numa especial relação de comunhão com a Igreja particular e universal. E de modo semelhante, as viúvas e os viúvos consagrados.

Todas estas pessoas, no cumprimento do discipulado evangélico, se empenham a viver o «mandamento novo» do Senhor, amando-se umas às outras como ele nos amou (cf. Jo 13,34). O amor levou Cristo a fazer-se dom até ao sacrifício supremo da Cruz. Também entre os seus discípulos *não há uni-*

---

88. Cf. *propositio* 20.

dade verdadeira sem este amor recíproco e incondicional, que exige disponibilidade para o serviço sem regatear energias, prontidão no acolhimento do outro tal como é, sem «julgá-lo» (cf. Mt 7,1-2), capacidade de perdoar inclusive «setenta vezes sete» (Mt 18,22). Para as pessoas consagradas, unidas em «um só coração e uma só alma» (At 4,32) por este amor derramado nos corações pelo Espírito Santo (cf. Rm 5,5), torna-se uma exigência interior o *colocar tudo em comum:* bens materiais e experiências espirituais, talentos e inspirações, como também ideais apostólicos e serviço caritativo: «Na vida comunitária, a energia do Espírito que existe numa pessoa, passa contemporaneamente a todos. Nela, não só se usufrui do dom próprio, mas este é multiplicado quando se participa aos outros, e goza-se tanto do fruto do dom alheio como do próprio».[89]

Na vida de comunidade, também se deve tornar de algum modo palpável que a comunhão fraterna, antes de ser instrumento para uma determinada missão, *é espaço teologal,* onde se pode experimentar a presença mística do Senhor ressuscitado (cf. Mt 18,20).[90] Isto verifica-se graças ao amor recíproco de quantos compõem a comunidade: um amor alimentado pela Palavra e pela Eucaristia, purificado no sacramento da Reconciliação, sustentado pela invocação da unidade, especial dom do Espírito para

89. S. Basílio, *As regras maiores,* q. 7: *PG* 31, 931.
90. S. Basílio, *As regras mais breves,* q. 225: *PG* 31, 1231.

aqueles que se colocam numa escuta obediente do Evangelho. É precisamente ele, o Espírito, que introduz a alma na comunhão com o Pai e com seu Filho, Jesus Cristo (cf. 1Jo 1,3), comunhão essa que é a fonte da vida fraterna. É pelo Espírito que as comunidades de vida consagrada são guiadas no cumprimento da sua missão a serviço da Igreja e da humanidade inteira, segundo a respectiva inspiração originária.

Nesta perspectiva, assumem particular importância os «Capítulos» (ou reuniões análogas), tanto particulares como gerais, onde cada Instituto é chamado a eleger os Superiores ou Superioras, segundo as normas estabelecidas pelas respectivas Constituições, e a discernir, à luz do Espírito, as modalidades adequadas para proteger e renovar, nas diversas situações históricas e culturais, o próprio carisma e patrimônio espiritual.[91]

---

91. Cf. Congregação para os Religiosos e os Institutos Seculares, Instr. «Elementos essenciais da doutrina da Igreja sobre a vida religiosa aplicados aos Institutos consagrados ao apostolado» (31 de maio de 1983), 51: *L'Osservatore Romano* (ed. portuguesa: 28 de agosto de 1983), 6; *Código de Direito Canônico,* cân. 631, § 1; *Código dos Cânones das Igrejas Orientais,* cân. 512, § 1.

A função da autoridade

43. Na vida consagrada, *a função dos Superiores e Superioras,* mesmo locais, teve sempre uma grande importância quer para a vida espiritual quer para a missão. Nestes anos de experiências e mudanças, sentiu-se por vezes a necessidade de uma revisão de tal múnus. Contudo, importa reconhecer que quem exerce a autoridade *não pode abdicar da sua missão* de primeiro responsável da comunidade, qual guia dos irmãos e irmãs no caminho espiritual e apostólico.

Não é fácil, em ambientes fortemente marcados pelo individualismo, fazer compreender e aceitar a função que a autoridade desempenha em proveito de todos. Mas deve-se confirmar a importância desta tarefa, que se revela necessária exatamente para consolidar a comunhão fraterna e não tornar vã a obediência professada. Se a autoridade deve ser, em primeiro lugar, fraterna e espiritual e, por conseguinte, quem dela está revestido há-de saber associar, pelo diálogo, os irmãos e as irmãs ao processo decisório, convém todavia recordar que *cabe à autoridade a última palavra,* como lhe compete depois fazer respeitar as decisões tomadas.[92]

92. Cf. Congregação para os Institutos de Vida Consagrada e as Sociedades de Vida Apostólica, Instr. sobre a vida fraterna em comunidade *Congregavit nos in unum Christi amor* (2 de fevereiro de 1994), 47-53: *L'Osservatore Romano* (ed. portuguesa: 12 de março de 1994), 15-17; *Código de Direito Canônico,* cân. 618; *propositio* 19.

O papel das pessoas idosas

44. O cuidado dos idosos e dos doentes tem uma parte relevante na vida fraterna, especialmente num tempo como o nosso em que aumenta, em algumas regiões do mundo, o número de pessoas consagradas em idade avançada. A atenção carinhosa que elas merecem não resulta só de um preciso dever de caridade e gratidão, mas é também expressão da consciência de que o seu testemunho é de grande proveito para a Igreja e para os Institutos, e de que a sua missão permanece válida e meritória, mesmo quando, por motivos de idade ou de enfermidade, tiveram de abandonar a sua atividade específica. *Elas têm certamente muito que dar* em sabedoria e experiência à comunidade, se esta souber estar a seu lado com atenção e capacidade de escuta.

Na realidade, mais do que na ação, a missão apostólica consiste no testemunho da própria dedicação plena à vontade salvífica do Senhor, dedicação essa que se alimenta nas fontes da oração e da penitência. Muitos são, por isso, os modos pelos quais os idosos são chamados a viver a sua vocação: a oração assídua, a paciente aceitação da própria condição, a disponibilidade para o serviço de diretor espiritual, de confessor, de guia na oração.[93]

93. Cf. Congregação para os Institutos de Vida Consagrada e as Sociedades de Vida Apostólica, Instr. sobre a vida fraterna em comunidade *Congregavit nos in unum Christi amor*

À imagem da comunidade apostólica

45. A vida fraterna desempenha um papel fundamental no caminho espiritual das pessoas consagradas, tanto para a sua constante renovação como para o pleno cumprimento da sua missão no mundo: conclui-se isso das motivações teológicas que estão na sua base, e recebe larga confirmação da própria experiência. Exorto, por isso, os consagrados e consagradas a cultivá-la com ardor, seguindo o exemplo dos primeiros cristãos de Jerusalém, que eram assíduos na escuta do ensinamento dos Apóstolos, na oração comum, na participação da Eucaristia, na partilha dos bens materiais e espirituais (cf. At 2,42-47). Exorto sobretudo os religiosos, as religiosas e os membros das Sociedades de Vida Apostólica a viverem sem reservas o amor recíproco, exprimindo-o nas modalidades mais apropriadas à natureza de cada Instituto, para que cada comunidade se manifeste como sinal luminoso da nova Jerusalém, «morada de Deus com os homens» (Ap 21,3).

Com efeito, toda a Igreja espera muito do testemunho de comunidades ricas «de alegria e de Espírito Santo» (At 13,52). Ela deseja oferecer ao mundo o exemplo de comunidades onde a recíproca atenção ajuda a superar a solidão, e a comunicação impele a todos a sentirem-se corresponsáveis, o perdão

(2 de fevereiro de 1994), 68: *L'Osservatore Romano* (ed. portuguesa: 12 de março de 1994), 17-18; *propositio* 21.

cicatriza as feridas, reforçando em cada um o propósito da comunhão. Numa comunidade deste tipo, a natureza do carisma dirige as energias, sustenta a fidelidade e orienta o trabalho apostólico de todos para a única missão. Para apresentar à humanidade de hoje o seu verdadeiro rosto, a Igreja tem urgente necessidade de tais comunidades fraternas, cuja própria existência já constitui uma contribuição para a nova evangelização, porque mostram de modo concreto os frutos do «mandamento novo».

Sentire cum Ecclesia

46.   A vida consagrada está confiada outra grande tarefa, à luz da doutrina sobre a Igreja-comunhão proposta com grande vigor pelo Concílio Vaticano II: pede-se às pessoas consagradas para serem verdadeiramente peritas em comunhão e praticarem a sua espiritualidade,[94] como «testemunhas e artífices daquele 'projeto de comunhão' que está no vértice da história do homem segundo Deus».[95] O sentido da comunhão eclesial, desabrochando em *espiritualidade de comunhão,* promove um modo de pensar, falar

94. Cf. *propositio* 28.

95. CONGREGAÇÃO PARA OS RELIGIOSOS E OS INSTITUTOS SECULARES, Doc. *Vida e missão dos Religiosos na Igreja; I. Religiosos e promoção humana* (12 de agosto de 1980), II, 24: *L'Osservatore Romano* (ed. portuguesa: 18 de janeiro de 1981), 7.

e agir que faz crescer em profundidade e extensão a Igreja. Na realidade, a vida de comunhão «torna-se um *sinal* para o mundo e uma *força* de atração que leva à fé em Cristo. (...) Dessa maneira, a comunhão abre-se para a *missão* e converte-se ela própria em missão», melhor, «a *comunhão gera comunhão* e reveste essencialmente a forma de *comunhão missionária*».[96]

Nos fundadores e fundadoras, *aparece sempre vivo o sentido da Igreja,* que se manifesta na sua participação plena da vida eclesial em todas as suas dimensões e na pronta obediência aos Pastores, especialmente ao Romano Pontífice. Neste horizonte de amor pela Santa Igreja, «coluna e sustentáculo da verdade» (1Tm 3,15), compreende-se bem a veneração de Francisco de Assis pelo «senhor Papa»,[97] a ousadia filial de Catarina de Sena para com aquele que ela chama «doce Cristo na terra»,[98] a obediência apostólica e o *sentire cum Ecclesia*[99] de Inácio de Loyola, a jubilosa profissão de fé de Teresa de Jesus: «Sou filha da Igreja».[100] Compreende-se também o

96. João Paulo II, Exort. ap. pós-sinodal *Christifideles laici* (30 de dezembro de 1988), 31-32: *AAS* 81 (1989), 451-452.

97. *Regula bullata,* I, 1.

98. *Cartas* 109, 171, 196.

99. Cf. as *Regras* «para aquele reto sentir que devemos ter na Igreja militante», colocadas no final do livro *Exercícios Espirituais,* de modo particular a *regra* 13.

100. *Ditos,* n. 217.

anseio de Teresa de Lisieux: «No coração da Igreja, minha mãe, eu serei o amor».[101] Tais testemunhos são representativos da plena comunhão eclesial, que santos e santas, fundadores e fundadoras compartilharam entre si, em épocas e circunstâncias diversas e freqüentemente muito difíceis. São exemplos a que as pessoas consagradas devem constantemente fazer referência, para resistirem aos impulsos centrífugos e desagregadores, hoje particularmente ativos.

Um aspecto qualificativo desta comunhão eclesial é a adesão da mente e do coração ao magistério dos Bispos, que há-de ser vivida com lealdade e testemunhada claramente diante do Povo de Deus por todas as pessoas consagradas e, de modo especial, pelas que estão empenhadas na investigação teológica e no ensino, nas publicações, na catequese, no uso dos meios de comunicação social.[102] Visto que as pessoas consagradas ocupam um lugar especial na Igreja, o seu comportamento a tal respeito tem grande importância para todo o Povo de Deus. Do seu testemunho de amor filial recebe força e incidência a sua ação apostólica, que, no quadro da missão profética de todos os batizados, se caracteriza geralmente por tarefas de especial colaboração com a ordem hierárquica.[103] Desta forma, com a riqueza dos seus

101. *Manuscrits autobiographiques,* B, 3vs.

102. Cf. *propositio* 30, A.

103. Cf. João Paulo II, Exort. ap. *Redemptionis donum* (25 de março de 1984), 15: *AAS* 76 (1984), 541-542.

carismas, dão uma contribuição específica, para a Igreja realizar cada vez mais profundamente a sua natureza de sacramento da «íntima união com Deus e da unidade de todo o gênero humano».[104]

A fraternidade na Igreja universal

47. As pessoas consagradas são chamadas a ser fermento de comunhão missionária na Igreja universal, pelo fato mesmo de os múltiplos carismas dos respectivos Institutos serem concedidos pelo Espírito Santo para o bem de todo o Corpo Místico, a cuja edificação devem servir (cf. 1Cor 12,4-11). Significativamente «o caminho melhor» (1Cor 12,31), a «maior de todas» as virtudes (1Cor 13,13), segundo a palavra do Apóstolo, é a caridade, que harmoniza as várias diferenças e a todos comunica a força da mútua ajuda no ímpeto apostólico. Isto mesmo tem em vista o *peculiar vínculo de comunhão,* que as várias formas de vida consagrada e as Sociedades de Vida Apostólica *têm com o Sucessor de Pedro em seu ministério de unidade e de universalidade missionária* A história da espiritualidade ilustra amplamente este vínculo, mostrando a sua função providencial de garantia tanto da identidade própria da vida consagrada como da expansão missionária do

104. CONC. ECUM. VAT. II, Const. dogm. sobre a Igreja *Lumen gentium,* 1.

Evangelho. A vigorosa difusão do anúncio evangélico, a sólida radicação da Igreja em muitas regiões do mundo, e a primavera cristã que hoje se registra nas jovens Igrejas seriam impensáveis — como observaram os Padres sinodais — sem o contributo de tantos Institutos de vida consagrada e Sociedades de Vida Apostólica. Ao longo dos séculos, mantiveram firmemente a comunhão com os Sucessores de Pedro, que neles encontraram generosa prontidão para se dedicarem à missão com uma disponibilidade tal que, em caso de necessidade, soube guindar-se até ao heroísmo.

Sobressai assim *o caráter de universalidade e comunhão*, que é próprio dos Institutos de vida consagrada e das Sociedades de Vida Apostólica. Pela conotação supradiocesana radicada na sua especial relação com o ministério petrino, eles estão também a serviço da colaboração entre as diversas Igrejas particulares,[105] entre as quais podem promover eficazmente a «permuta de dons», contribuindo para uma inculturação do Evangelho que purifique, valorize e assuma as riquezas das culturas de todos os povos.[106] Também o atual florescimento, nas jovens

105. Cf. CONGREGAÇÃO PARA A DOUTRINA DA FÉ, Carta aos Bispos da Igreja Católica sobre alguns aspectos da Igreja entendida como comunhão *Communionis notio* (28 de maio de 1992), 16: *AAS* 85 (1993), 847-848.

106. Cf. CONC. ECUM. VAT. II, Const. dogm. sobre a Igreja *Lumen gentium*, 13.

Igrejas, de vocações para a vida consagrada manifesta a capacidade que esta possui de exprimir na unidade católica as solicitações dos vários povos e culturas.

A vida consagrada e a Igreja particular

48. Às pessoas consagradas cabe uma função significativa, também *no seio das Igrejas particulares.* Este é um aspecto que — partindo da doutrina conciliar sobre a Igreja, enquanto comunhão e mistério, e sobre as Igrejas particulares, como porção do Povo de Deus na qual «está verdadeiramente presente e opera a Igreja de Cristo, una, santa, católica e apostólica»[107] — foi aprofundado e regulado em vários documentos posteriores. À luz destes textos, aparece em toda a sua evidência a importância fundamental que reveste a colaboração das pessoas consagradas com os Bispos, para o desenvolvimento harmonioso da pastoral diocesana. Muito podem contribuir os carismas da vida consagrada para a edificação da caridade na Igreja particular.

De fato, as várias formas em que se vivem os conselhos evangélicos são expressão e fruto de dons espirituais recebidos por fundadores e fundadoras e, como tais, constituem uma «*experiência do Espírito,*

---

107. Conc. Ecum. Vat. II, Decr. sobre o múnus pastoral dos Bispos *Christus Dominus,* 11.

transmitida aos próprios discípulos a fim de ser por eles vivida, conservada, aprofundada e constantemente desenvolvida em sintonia com o Corpo de Cristo em perene crescimento».[108] A índole própria de cada Instituto comporta um peculiar estilo de santificação e apostolado, que tende a consolidar-se numa determinada tradição, caracterizada por elementos objetivos.[109] Por isso, a Igreja tem cuidado de que os Institutos cresçam e se desenvolvam segundo o espírito dos fundadores e fundadoras, e as suas sãs tradições.[110]

Em conseqüência, é reconhecida aos vários Institutos uma *justa autonomia,* em virtude da qual podem valer-se de uma disciplina própria e guardar íntegro o seu patrimônio espiritual e apostólico. É tarefa dos Ordinários do lugar conservar e tutelar essa autonomia.[111] Por isso, é pedido aos Bispos que acolham e estimem os carismas da vida consagrada, dando-lhes espaço nos planos da pastoral diocesana. Uma particular solicitude, devem ter pelos Institutos

---

108. Congregação para os Religiosos e os Institutos Seculares e Congregação para os Bispos, Diretrizes para as relações entre os Bispos e os Religiosos na Igreja *Mutuae relationes* (14 de maio de 1978), 11: *AAS* 70 (1978), 480.

109. Cf. *ibid.,* 11: *o.c.,* 480.

110. Cf. *Código de Direito Canônico,* cân. 576.

111. Cf. *ibid.,* cân. 586; Congregação para os Religiosos e os Institutos Seculares e Congregação para os Bispos, Diretrizes para as relações entre os Bispos e os Religiosos na Igreja *Mutuae relationes* (14 de maio de 1978), 13: *AAS* 70 (1978), 481-482.

de direito diocesano, que estão confiados ao cuidado especial do Bispo do lugar. Uma diocese que ficasse sem vida consagrada, além de perder tantos dons espirituais, lugares privilegiados da busca de Deus, atividades apostólicas e metodologias pastorais específicas, arriscar-se-ia a ficar enormemente enfraquecida naquele espírito missionário que é próprio da maioria dos Institutos.[112] Forçoso é, pois, corresponder ao dom da vida consagrada, que o Espírito suscita na Igreja particular, acolhendo-o generosamente com ações de graças.

Uma comunhão eclesial fecunda e ordenada

49. O Bispo é pai e pastor da Igreja particular inteira. Compete-lhe reconhecer e respeitar, promover e coordenar os vários carismas. Na sua caridade pastoral, portanto, acolherá o carisma da vida consagrada como graça que não diz respeito apenas a um Instituto, mas reverte em favor de toda a Igreja. Procurará, pois, apoiar e ajudar as pessoas consagradas, para que, em comunhão com a Igreja, se abram a perspectivas espirituais e pastorais que correspondam às exigências do nosso tempo, na fidelidade à inspiração originária. Por sua vez, as pessoas de vida consagrada não deixarão de oferecer generosamente

112. Cf. Conc. Ecum. Vat. II, Decr. sobre a atividade missionária da Igreja *Ad gentes*, 18.

a sua colaboração à Igreja particular, segundo as próprias forças e no respeito do próprio carisma, *atuando em plena comunhão com o Bispo* no âmbito da evangelização, da catequese, da vida das paróquias.

Importa recordar que, ao coordenarem o serviço da Igreja universal com o da Igreja particular, os Institutos não podem invocar a justa autonomia e a própria isenção, de que muitos deles gozam,[113] para justificar opções que estão, de fato, em contraste com as exigências de comunhão orgânica requeridas por uma vida eclesial salutar. Ao contrário, é preciso que as iniciativas pastorais das pessoas consagradas sejam decididas e realizadas com base num diálogo cordial e aberto entre Bispos e Superiores dos vários Institutos. A atenção especial da parte dos Bispos pela vocação e missão dos Institutos e, da parte destes, o respeito pelo ministério dos Bispos, através do solícito acolhimento das suas indicações pastorais concretas para a vida diocesana, representam duas formas intimamente conexas daquela única caridade eclesial que a todos obriga a serviço da comunhão orgânica — carismática e ao mesmo tempo hierarquicamente estruturada — de todo o Povo de Deus.

113. Cf. *Código de Direito Canônico,* cân. 586, § 2; 591; *Código dos Cânones das Igrejas Orientais,* cân. 412, § 2.

Um diálogo constante, animado pela caridade

50. Para promover o conhecimento recíproco, pressuposto necessário para uma efetiva cooperação sobretudo no âmbito pastoral, é muito vantajoso *um diálogo constante* de Superiores e Superioras dos Institutos de vida consagrada e das Sociedades de Vida Apostólica com os Bispos. Mercê destes contatos habituais, Superiores e Superioras poderão informar os Bispos acerca das iniciativas apostólicas que pensam promover nas suas dioceses, para se chegar aos necessários entendimentos práticos. Da mesma forma, é conveniente que pessoas delegadas pelas Conferências dos Superiores e Superioras Gerais sejam convidadas a assistir às assembléias das Conferências dos Bispos e, vice-versa, delegados das Conferências Episcopais sejam convidados às Conferências dos Superiores e Superioras Gerais, segundo modalidades a determinar. Nesta perspectiva, será de grande utilidade que se constituam, onde ainda não existirem, e se tornem operativas, a nível nacional, *comissões mistas de Bispos e Superiores e Superioras Maiores*,[114] que examinem em conjunto os problemas de interesse comum. Para melhor conhecimento recíproco, contribuirá também a inserção da teologia e espiritualidade da vida consagrada no plano de estudos teológicos dos presbíteros diocesanos, assim como prever, na formação das pessoas consagradas,

114. Cf. *propositio* 29, 4.

uma exposição adequada da teologia da Igreja particular e da espiritualidade do clero diocesano.[115]

É consolador, enfim, recordar que, no Sínodo, não só houve numerosas intervenções acerca da doutrina da comunhão, mas foi grande também a satisfação pela experiência de diálogo, vivida num clima de confiança e abertura recíproca entre os Bispos e os religiosos e religiosas presentes. Isto suscitou o desejo de que «tal experiência espiritual de comunhão e colaboração se estenda a toda a Igreja», depois do Sínodo.[116] É um voto, que faço meu, pelo crescimento em todos da mentalidade e da espiritualidade de comunhão.

A fraternidade num mundo dividido e injusto

51. A Igreja confia às comunidades de vida consagrada a missão particular de *fazerem crescer a espiritualidade da comunhão,* primeiro no seu seio e depois na própria comunidade eclesial e para além dos seus confins, iniciando ou retomando incessantemente o diálogo da caridade, sobretudo nos lugares onde o mundo de hoje aparece dilacerado pelo ódio étnico ou por loucuras homicidas. Situadas nas várias sociedades do nosso planeta — sociedades tantas vezes abaladas por paixões e interesses contraditórios, de-

115. Cf. *propositio* 49, B.
116. *Propositio* 54.

sejosas de unidade, mas incertas sobre os caminhos a seguir —, as comunidades de vida consagrada, nas quais se encontram como irmãos e irmãs pessoas de diversas idades, línguas e culturas, aparecem como *sinal de um diálogo sempre possível* e de uma comunhão capaz de harmonizar as diferenças.

As comunidades de vida consagrada são enviadas a anunciar, pelo testemunho da sua vida, o valor da fraternidade cristã e a força transformadora da Boa Nova,[117] que faz reconhecer a todos como filhos de Deus e leva ao amor oblativo para com todos, especialmente para com os últimos. Estas comunidades são lugares de esperança e de descoberta das bem-aventuranças, lugares onde o amor, haurido na fonte da comunhão que é a oração, é chamado a tornar-se lógica de vida e fonte de alegria.

Os Institutos internacionais, nesta época caracterizada pela repercussão universal dos problemas e simultaneamente pelo regresso dos ídolos do nacionalismo, sobretudo eles têm a missão de manter vivo e testemunhar o sentido da comunhão entre os povos, as raças, as culturas. Num clima de fraternidade, a abertura à dimensão mundial dos problemas não sufocará as riquezas particulares, nem a afirma-

117. Cf. CONGREGAÇÃO PARA OS INSTITUTOS DE VIDA CONSAGRADA E AS SOCIEDADE DE VIDA APOSTÓLICA, Instr. sobre a vida fraterna em comunidade *Congregavit nos in unum Christi amor* (2 de fevereiro de 1994), 56: *L'Osservatore Romano* (ed. portuguesa: 12 de março de 1994), 14-15.

ção de uma particularidade gerará contrastes com as outras ou com o todo. Os Institutos internacionais podem realizar isso eficazmente, já que eles próprios devem enfrentar criativamente o desafio da inculturação e conservar ao mesmo tempo a sua identidade.

Comunhão entre os diversos Institutos

52.	O fraterno relacionamento espiritual e a mútua colaboração entre os diversos Institutos de vida consagrada e Sociedades de Vida Apostólica são sustentados e fortalecidos pelo sentido eclesial de comunhão. Pessoas que estão unidas entre si pelo compromisso comum de seguir Cristo e animadas pelo mesmo Espírito, não podem deixar de manifestar visivelmente, como ramos da única Videira, a plenitude do Evangelho do amor. Lembradas da amizade espiritual que muitas vezes ligou na terra os diversos fundadores e fundadoras, tais pessoas, permanecendo fiéis à índole do próprio Instituto, são chamadas a exprimir uma fraternidade exemplar, que sirva de estímulo aos outros corpos eclesiais no empenho cotidiano de dar testemunho do Evangelho.

Permanecem sempre atuais as palavras de S. Bernardo, a propósito das várias Ordens religiosas: «Eu admiro-as todas. Pela observância sou membro de uma delas, mas pela caridade pertenço a todas. Todos temos necessidade uns dos outros: o bem espiritual que não tenho nem possuo, recebo-o dos outros (...). Neste exílio, a Igreja está ainda a caminho e é, se assim posso dizer, plural: é uma pluralidade una e uma unidade plural. E todas as nossas diversidades, que manifestam a riqueza dos dons de Deus, subsistirão na única casa do Pai, que tem muitas moradas. Agora, existe divisão de graças; naquele dia, haverá distinção de glórias. A unidade, tanto aqui como além, consiste numa mesma caridade».[118]

Organismos de coordenação

53.   Um notável contributo para a comunhão pode ser dado pelas Conferências dos Superiores e das Superioras Maiores e pelos Conselhos dos Institutos Seculares. Encorajados e regulamentados pelo Concílio Vaticano II[119] e por documentos posteriores,[120] estes organismos têm como principal finalidade a promoção da vida consagrada integrada no conjunto da missão eclesial.

118. *Apologia dirigida a Guilherme de Saint-Thierry*, IV, 8: *PL* 182, 903-904.

119. Cf. Decr. sobre a renovação da vida religiosa *Perfectae caritatis*, 23.

120. Cf. CONGREGAÇÃO PARA OS RELIGIOSOS E OS INSTITUTOS SECULARES E CONGREGAÇÃO PARA OS BISPOS, Diretrizes para as relações entre os Bispos e os Religiosos na Igreja *Mutuae relationes* (14 de maio de 1978), 21.61: *AAS* 70 (1978), 486.503-504; *Código de Direito Canônico*, cân. 708-709.

Através deles, os Institutos exprimem a comunhão entre si e procuram os meios para a reforçar, no respeito e valorização das especificidades dos vários carismas em que se reflete o mistério da Igreja e a multiforme sabedoria de Deus.[121] Encorajo os Institutos de vida consagrada a colaborarem uns com os outros, especialmente naqueles países onde, por particulares dificuldades, pode ser forte a tentação de se fecharem em si mesmos, com prejuízo para a própria vida consagrada e para a Igreja. Importa, ao contrário, que se ajudem mutuamente a procurar compreender o desígnio de Deus na atual fase da história, para melhor lhe responder com iniciativas apostólicas adequadas.[122] Neste horizonte de comunhão aberto aos desafios do nosso tempo, os Superiores e as Superioras, «agindo em sintonia com o Episcopado», procurem «aproveitar do trabalho dos melhores colaboradores de cada Instituto e, correlativamente, prestar serviços que não só ajudem a superar eventuais limitações, mas criem um estilo válido de formação para a vida consagrada».[123]

---

121. Cf. CONC. ECUM. VAT. II, Decr. sobre a renovação da vida religiosa *Perfectae caritatis,* 1; Const. dogm. sobre a Igreja *Lumen gentium,* 46.

122. Cf. CONC. ECUM. VAT. II, Const. past. sobre a Igreja no mundo contemporâneo *Gaudium et spes,* 4.

123. JOÃO PAULO II, Mensagem à XIV Assembléia da Conferência dos Religiosos do Brasil (11 de julho de 1986), 4: *Insegnamenti* IX/2 (1986), 237; cf. *propositio* 31.

Exorto as Conferências dos Superiores e das Superioras Maiores e as Conferências dos Institutos Seculares a cultivarem freqüentes e regulares contatos também com a Congregação para os Institutos de Vida Consagrada e as Sociedades de Vida Apostólica, como manifestação da sua comunhão com a Santa Sé. Um relacionamento ativo e confiante deverá ser mantido ainda com as Conferências Episcopais dos vários países. Segundo o espírito do documento *Mutuae relationes,* será conveniente que tal relacionamento assuma uma forma estável, de modo que se torne possível a coordenação constante e programada das iniciativas que progressivamente vão surgindo. Se tudo isto for realizado com perseverança e espírito de fiel adesão às diretrizes do Magistério, os organismos de ligação e comunhão revelar-se-ão particularmente úteis para encontrar soluções que evitem incompreensões e conflitos, quer no plano dos princípios quer no campo prático;[124] deste modo, servirão de apoio não só ao crescimento da comunhão entre os Institutos de vida consagrada e os Bispos, mas também à realização da própria missão das Igrejas particulares.

---

124. Cf. Congregação para os Religiosos e os Institutos Seculares e Congregação para os Bispos, Diretrizes para as relações entre os Bispos e os Religiosos na Igreja *Mutuae relationes* (14 de maio de 1978), 63.65: *AAS* 70 (1978), 504.505.

Comunhão e colaboração com os leigos

54. Um dos frutos da doutrina da Igreja como comunhão, nestes anos, foi a tomada de consciência de que os seus vários membros podem e devem unir as forças, numa atitude de colaboração e permuta de dons, para participar mais eficazmente na missão eclesial. Isto concorre para dar uma imagem mais articulada e completa da própria Igreja, para além de tornar mais eficiente a resposta aos grandes desafios do nosso tempo, graças ao concurso harmonioso dos diversos dons.

Os contatos com os leigos, no caso de Institutos monásticos e contemplativos, apresentam-se prevalentemente como uma relação espiritual, enquanto que, para os Institutos empenhados na vertente do apostolado, se traduzem em formas de colaboração pastoral. Os membros dos Institutos seculares, leigos ou clérigos, relacionam-se com os outros fiéis nos moldes ordinários da vida cotidiana. Hoje alguns Institutos, freqüentemente por imposição das novas situações, chegaram à convicção de que o *seu carisma pode ser partilhado com os leigos*. E assim estes são convidados a participar mais intensamente na espiritualidade e missão do próprio Instituto. Pode-se dizer que, no rasto de experiências históricas como a das diversas Ordens seculares ou Ordens Terceiras, se iniciou um novo capítulo, rico de esperanças, na história das relações entre as pessoas consagradas e o laicado.

Para um renovado dinamismo espiritual e apostólico

55. Estes novos percursos de comunhão e colaboração merecem ser encorajados, por diversos motivos. Daí poderá resultar, antes de mais, a irradiação de frutuosa espiritualidade para além das fronteiras do Instituto, que assim poderá contar com novas energias até para assegurar à Igreja a continuação de determinadas formas de serviço típicas dele. Outra conseqüência positiva poderá ser a de propiciar uma sinergia mais intensa entre pessoas consagradas e leigos em ordem à missão: estes, movidos pelos exemplos de santidade das pessoas consagradas, serão introduzidos na experiência direta do espírito dos conselhos evangélicos e, dessa forma, encorajados a viver e testemunhar o espírito das bem-aventuranças, tendo em vista a transformação do mundo segundo o coração de Deus.[125]

Não raras vezes, a participação dos leigos traz inesperados e fecundos aprofundamentos de alguns aspectos do carisma, reavivando uma interpretação mais espiritual do mesmo e levando a tirar daí indicações para novos dinamismos apostólicos. Em qualquer atividade ou ministério que estejam empenhadas, as pessoas consagradas lembrem-se de que hão-de ser primeiramente guias especializados de vida

125. Cf. Conc. Ecum. Vat. II, Const. dogm. sobre a Igreja *Lumen gentium,* 31.

espiritual, e, nesta perspectiva, cultivem «o talento mais precioso: o espírito».[126] Os leigos, por sua vez, ofereçam às famílias religiosas a ajuda preciosa da sua secularidade e do seu serviço específico.

Leigos voluntários e associados

56. Uma expressão significativa de participação laical nas riquezas da vida consagrada é a adesão de fiéis leigos aos diversos Institutos, na nova forma dos chamados membros associados ou, segundo as exigências de alguns contextos culturais, de pessoas que partilham, por um certo período de tempo, a vida comunitária e a específica consagração contemplativa ou apostólica do Instituto, sempre com a condição, obviamente, de que a identidade da sua vida interna não sofra dano.[127]

É justo rodear de grande estima o voluntariado que vai beber às riquezas da vida consagrada; importa, porém, cuidar da sua formação, para que os voluntários, além da competência, tenham sempre profundas motivações sobrenaturais nos seus propósitos, e vivo sentido comunitário e eclesial nos seus projetos.[128] É preciso ter em conta ainda que as ini-

---

126. S. Antônio M. Zacarias, *Escritos. Sermão II* (Roma 1975), 129.

127. Cf. *propositio* 33, A e C.

128. Cf. *propositio* 33, B.

ciativas, onde estejam envolvidos leigos ao nível mesmo de decisão, para serem consideradas obra de determinado Instituto, devem propor-se os fins deste e serem concretizadas sob a sua responsabilidade. Por isso, se os leigos assumirem a direção de tais iniciativas, da mesma terão de responder perante os Superiores e Superioras competentes. É conveniente que tudo isto seja contemplado e regulado por específicas diretrizes dos diversos Institutos, aprovadas pela Autoridade Superior, nas quais estejam previstas as respectivas competências do próprio Instituto, das comunidades, dos membros associados ou dos voluntários.

As pessoas consagradas, enviadas pelos seus Superiores e Superioras e sempre na dependência dos mesmos, podem estar presentes, com *formas específicas de colaboração, em iniciativas laicais,* e de modo particular em organizações e instituições que se interessam dos marginalizados e têm por objetivo aliviar o sofrimento humano. Se tal colaboração é animada e mantida por uma clara e forte identidade cristã e respeita a índole própria da vida consagrada, pode fazer brilhar a força luminosa do Evangelho nas situações mais obscuras da existência humana.

Nestes anos, muitas pessoas consagradas entraram em *movimentos eclesiais,* surgidos no nosso tempo. Os interessados diretos geralmente tiram proveito de tais experiências, especialmente a nível da renovação espiritual. Todavia não se pode negar que, em alguns casos, isso tenha gerado mal-estar e desorientação a nível pessoal e comunitário, de forma especial quando estas experiências entram em conflito com as exigências da vida em comum e da espiritualidade do Instituto. Será necessário, pois, cuidar de que a adesão aos movimentos eclesiais se realize no respeito do carisma e disciplina do próprio Instituto,[129] com o consentimento dos Superiores e das Superioras e na plena disponibilidade de acolher as suas decisões.

A dignidade e o papel da mulher consagrada

57.   A Igreja manifesta plenamente a sua multiforme riqueza espiritual, quando, superadas as discriminações, acolhe como uma verdadeira bênção os dons infundidos por Deus tanto nos homens como nas mulheres, valorizando a todos em sua igual dignidade. As mulheres consagradas são chamadas de modo absolutamente especial a serem, através da sua dedicação vivida em plenitude e com alegria, *um sinal da ternura de Deus para com o gênero humano* e um testemunho particular do mistério da Igreja que é

---

129. Cf. Congregação para os Institutos de Vida Consagrada e as Sociedades de Vida Apostólica, Instr. sobre a vida fraterna em comunidade *Congregavit nos in unum Christi amor* (2 de fevereiro de 1994), 62: *L'Osservatore Romano* (ed. portuguesa: 12 de março de 1994), 16; Instr. *Potissimum institutioni* (2 de fevereiro de 1990), 92-93: *AAS* 82 (1990), 123-124.

virgem, esposa e mãe.[130] Tal missão não deixou de sobressair no Sínodo, onde um bom número delas tomou parte, podendo fazer ouvir a sua voz que foi ouvida e apreciada por todos. Graças também às suas contribuições, surgiram úteis indicações para a vida da Igreja e para a sua missão evangelizadora. Por certo, não se pode deixar de reconhecer o fundamento de muitas reivindicações relativas à posição da mulher nos diversos âmbitos sociais e eclesiais. Do mesmo modo, é forçoso assinalar que a nova consciência feminina ajuda também os homens a reverem os seus esquemas mentais, o modo de se autocompreenderem, de se colocarem na história e de a interpretarem, de organizarem a vida social, política, econômica, religiosa, eclesial.

A Igreja, que recebeu de Cristo uma mensagem de libertação, tem a missão de a difundir profeticamente, promovendo mentalidades e comportamentos conformes às intenções do Senhor. Neste contexto, a mulher consagrada pode, a partir da sua experiência de Igreja e de mulher na Igreja, contribuir para eliminar certas visões unilaterais, que não manifestam o reconhecimento pleno da sua dignidade, da sua contribuição específica para a vida e para a ação pastoral e missionária da Igreja. Assim, é legítimo que a mulher consagrada aspire a ver reconhecida mais claramente a sua identidade, a sua capacidade,

130. Cf. *propositio* 9, A.

a sua missão, a sua responsabilidade, quer na consciência eclesial, quer na vida de todos os dias.

Também o futuro da nova evangelização, como aliás de todas as outras formas de ação missionária, é impensável sem uma renovada contribuição das mulheres, especialmente das mulheres consagradas.

Novas perspectivas de presença e ação

58. Por isso, é urgente realizar alguns passos concretos, começando pela abertura às mulheres de *espaços de participação* nos vários setores e a todos os níveis, mesmo nos processos de elaboração das decisões, sobretudo naquilo que lhes diz respeito.

Necessário é também que a formação das mulheres consagradas, da mesma forma que a dos homens, seja adequada às novas urgências e preveja tempo suficiente e oportunidades institucionais válidas para uma educação sistemática, alargada a todos os campos, desde o teológico-pastoral até ao profissional. A formação pastoral e catequética, sempre importante, assume um relevo particular na perspectiva da nova evangelização, que requer, também das mulheres, novas formas de participação.

É previsível que o aprofundamento da formação, ao mesmo tempo que irá ajudar a mulher consagrada a compreender melhor os próprios dons, não deixará de estimular a necessária reciprocidade no seio da Igreja. Na verdade, no campo da reflexão teológica, cultural e espiritual, muito se espera do «gênio» da mulher no que diz respeito não só à especificidade da vida consagrada feminina, mas também à inteligência da fé em todas as suas expressões. A propósito disto, pense-se quanto deve a história da espiritualidade a santas como Teresa de Jesus e Catarina de Sena, as duas primeiras mulheres honradas com o título de Doutoras da Igreja, e a tantas outras místicas no que respeita à perscrutação do mistério de Deus e à análise da sua ação no crente! A Igreja conta muito com as mulheres consagradas para uma contribuição original na promoção da doutrina, dos costumes, da própria vida familiar e social, especialmente no que toca à dignidade da mulher e ao respeito da vida humana.[131] De fato, «*as mulheres* têm um espaço de pensamento e ação singular e talvez determinante: compete a elas fazerem-se promotoras de um 'novo feminismo' que, sem cair na tentação de seguir modelos 'masculinizados', saiba reconhecer e exprimir o verdadeiro gênio feminino em todas as manifestações da convivência civil, trabalhando pela superação de toda forma de discriminação, violência e exploração».[132]

131. Cf. *propositio* 9.

132. JOÃO PAULO II, Carta enc. *Evangelium vitae* (25 de março de 1995), 99: *AAS* 87 (1995), 514.

Há motivos para esperar que, de um reconhecimento mais profundo da missão da mulher, resulte para a vida consagrada feminina uma consciência sempre maior da sua própria função e um crescimento da sua dedicação à causa do Reino de Deus. Isso poder-se-á traduzir numa multiplicidade de obras, tais como o empenho a favor da evangelização, a atividade educativa, a participação na formação dos futuros sacerdotes e das pessoas consagradas, a animação da comunidade cristã, o acompanhamento espiritual, a promoção de bens fundamentais como a vida e a paz. As mulheres consagradas e à sua extraordinária capacidade de dedicação, exprimo uma vez mais o apreço e a gratidão da Igreja inteira, que as apóia para que vivam em plenitude e alegria a sua vocação e se sintam interpeladas pela alta missão de ajudar a formar a mulher de hoje.

II. CONTINUIDADE NA OBRA DO ESPÍRITO: FIDELIDADE NA NOVIDADE

As monjas de clausura

59. Merecem particular atenção a vida monástica feminina e a clausura das monjas, devido à imensa estima que a comunidade cristã nutre por este gênero de vida, *sinal da união exclusiva da Igreja-Esposa com o seu Senhor,* sumamente amado. Com efeito, a

vida das monjas de clausura, empenhadas de modo determinante na oração, na ascese e no diligente progresso da vida espiritual, «não é senão uma tensão para a Jerusalém celeste, uma antecipação da Igreja escatológica, fixa na posse e na contemplação de Deus».[133] À *luz* desta vocação e missão eclesial, a clausura corresponde à exigência, sentida como prioritária, *de estar com o Senhor*. Escolhendo um espaço delimitado como lugar de vida, as claustrais participam no aniquilamento de Cristo, através de uma pobreza radical que se exprime na renúncia não só às coisas, mas também ao «espaço», aos contatos, a tantos bens da criação. Este modo particular de dar o «corpo» insere-as mais sensivelmente no mistério eucarístico. Oferecem-se com Jesus pela salvação do mundo. A sua oferta, para além do aspecto de sacrifício e expiação, adquire também o de agradecimento ao Pai, participando na ação de graças do Filho dileto.

Radicada nesta tensão espiritual, a clausura não é apenas um meio ascético de imenso valor, *mas um modo de viver a Páscoa de Cristo*.[134] De experiência de «morte», torna-se superabundância de vida, apresentando-se como jubiloso anúncio e antecipação

---

133. Congregação para os Religiosos e os Institutos Seculares, Instr. sobre a vida contemplativa e a clausura das monjas *Venite seorsum* (15 de agosto de 1969), V: *AAS* 61 (1969), 685.

134. Cf. *ibid.*, I: *o.c.*, 674.

profética da possibilidade oferecida a cada pessoa e a toda a humanidade de viver unicamente para Deus, em Cristo Jesus (cf. Rm 6,11). A clausura evoca, assim, aquela *cela do coração,* onde cada um é chamado a viver a união com o Senhor. Acolhida como dom e escolhida como livre resposta de amor, aquela é o lugar da comunhão espiritual com Deus e com os irmãos e irmãs, onde a limitação dos espaços e dos contatos ajuda à interiorização dos valores evangélicos (cf. Jo 13,34; Mt 5,3.8).

As comunidades claustrais, postas como cidades no cimo do monte ou como lâmpadas sobre o candeeiro (cf. Mt 5,14-15), mesmo na simplicidade da sua vida, *representam visivelmente a meta para a qual caminha a comunidade eclesial inteira* que, «empenhada na ação e dada à contemplação»[135] avança pelas estradas do tempo com o olhar fixo na futura recapitulação de tudo em Cristo, quando a Igreja «aparecer com seu Esposo na glória» (cf. Cl 3,1-4),[136] e Cristo «entregar o Reino a Deus Pai, depois de ter destruído todo Principado, toda Dominação e Potestade (...), a fim de que Deus seja tudo em todos» (1Cor 15,24.28).

A estas Irmãs muito amadas, exprimo a minha gratidão, encorajando-as a manterem-se fiéis à vida

135. CONC. ECUM. VAT. II, Const. sobre a sagrada liturgia *Sacrosanctum Concilium,* 2.

136. CONC. ECUM. VAT. II, Const. dogm. sobre a Igreja *Lumen gentium,* 6.

claustral segundo o próprio carisma. Graças ao seu exemplo, este gênero de vida continua a registrar numerosas vocações, atraídas pela radicalidade de uma existência «esponsal», totalmente dedicada a Deus na contemplação. Como expressão de puro amor que vale mais do que todas as obras, a vida contemplativa produz uma eficácia apostólica e missionária extraordinária.[137]

Os Padres sinodais manifestaram grande apreço pelo valor da clausura, ao mesmo tempo que tomavam em consideração os pedidos, recebidos de várias partes, relativos à disciplina concreta da mesma. As indicações do Sínodo sobre o assunto e, de modo particular, o voto formulado de um maior compromisso das Superioras Maiores em matéria de derrogações à clausura por justa e grave causa[138] serão objeto de uma orgânica consideração, na linha do caminho de renovação já iniciado a partir do Concílio Vaticano II.[139] Deste modo, a clausura, nas suas diversas formas e graus — desde a clausura papal e

137. Cf. S. João da Cruz, *Cântico espiritual,* estr. 29,1.

138. Cf. *Código de Direito Canônico,* cân. 667, § 4; *propositio* 22, 4.

139. Cf. Paulo VI, Motu próprio *Ecclesiae Sanctae* (8 de junho de 1966), II, 30-31: *AAS* 58 (1966), 780; Conc. Ecum. Vat. II, Decr. sobre a renovação da vida religiosa *Perfectae caritatis,* 7.16; Congregação para os Religiosos e Institutos Seculares, Instr. sobre a vida contemplativa e a clausura das monjas *Venite seorsum* (15 de agosto de 1969), VI: *AAS* 61 (1969), 686.

constitucional até à clausura monástica —, corresponderá melhor à variedade dos Institutos contemplativos e das tradições dos mosteiros.

Além disso, como o próprio Sínodo sublinhou, são de favorecer as Associações e Federações entre mosteiros, já recomendadas por Pio XII e pelo Concílio Ecumênico Vaticano II,[140] especialmente onde não haja outras formas eficazes de coordenação e ajuda. Tais organismos, no respeito sempre da legítima autonomia dos mosteiros, podem, de fato, prestar uma válida colaboração para resolver adequadamente problemas comuns, tais como a devida renovação, a formação tanto inicial como permanente, o mútuo apoio econômico e ainda a reorganização dos próprios mosteiros.

Os religiosos irmãos

60.   Segundo a doutrina tradicional da Igreja, a vida consagrada, por sua natureza, *não é laical nem clerical,*[141] e portanto a «consagração laical», tanto masculina como feminina, constitui por si mesma um estado completo de profissão dos conselhos evangé-

140. Cf. Pio XII, Const. ap. *Sponsa Christi* (21 de novembro de 1950), VII: *AAS* 43 (1951), 18-19; Conc. Ecum. Vat. II, Decr. sobre a renovação da vida religiosa *Perfectae caritatis,* 22.

141. Cf. *Código de Direito Canônico,* cân. 588, § 1.

licos.[142] Por isso mesmo, ela tem um valor próprio, independentemente do ministério sagrado, tanto para o indivíduo como para a Igreja.

Na linha do ensinamento do Concílio Vaticano II,[143] o Sínodo exprimiu grande estima por este tipo de vida consagrada que é o dos religiosos irmãos, os quais desempenham, dentro e fora da comunidade, diversos e preciosos serviços, participando assim na missão de proclamar o Evangelho e testemunhá-lo pela caridade na vida de cada dia. Com efeito, alguns desses serviços podem-se considerar *ministérios eclesiais,* confiados pela legítima autoridade. Isto exige uma formação apropriada e integral: humana, espiritual, teológica, pastoral e profissional.

Segundo a terminologia vigente, os Institutos que, por determinação do fundador ou em virtude de uma legítima tradição, têm caráter e finalidade que não comportam o exercício da Ordem sacra, são chamados «Institutos laicais».[144] Contudo, no Sínodo, foi observado que esta terminologia não exprime adequadamente a índole peculiar da vocação dos membros de tais Institutos religiosos. De fato, eles, apesar de desempenharem muitos serviços que são co-

142. Cf. Conc. Ecum. Vat. II, Decr. sobre a renovação da vida religiosa *Perfectae caritatis,* 10.

143. Cf. *ibid.,* 8; 10.

144. *Código de Direito Canônico,* cân. 588, § 3; cf. Conc. Ecum. Vat. II, Decr. sobre a renovação da vida religiosa *Perfectae caritatis,* 10.

muns também aos fiéis leigos, fazem-no com a sua identidade de consagrados, exprimindo assim o espírito de dom total a Cristo e à Igreja, segundo o seu carisma especifico

Por esta razão, os Padres sinodais, a fim de se evitar toda ambigüidade e confusão com a índole secular dos fiéis leigos,[145] julgaram por bem propor a designação de *Institutos religiosos de Irmãos*.[146] A proposta é significativa, sobretudo se se considera que a qualificação de irmãos evoca uma rica espiritualidade. «Estes religiosos são chamados a ser irmãos de Cristo, profundamente unidos a ele, 'primogênito de muitos irmãos' (Rm 8,29); irmãos entre si, no amor recíproco e na cooperação para o mesmo serviço de bem-fazer na Igreja; irmãos de todos os homens, no testemunho da caridade de Cristo para com todos, especialmente os mais pequeninos, os mais necessitados; irmãos para uma maior fraternidade na Igreja».[147] Vivendo de modo especial este aspecto próprio ao mesmo tempo da vida cristã e consagrada, os «religiosos irmãos» lembram eficazmente aos próprios religiosos sacerdotes a dimensão fundamental da fraternidade em Cristo, que irão viver entre eles e com todo homem e mulher, e a todos

145. Cf. CONC. ECUM. VAT. II, Const. dogm. sobre a Igreja *Lumen gentium,* 31.

146. Cf. *propositio* 8.

147. JOÃO PAULO II, Discurso na Audiência Geral (22 de fevereiro de 1995), 6: *L'Osservatore Romano* (ed. portuguesa: 25 de fevereiro de 1995), 12.

proclamam a palavra do Senhor: «E vós sois todos irmãos» (Mt 23,8).

Nestes Institutos religiosos de Irmãos, quando o Capítulo Geral assim o tiver estabelecido, nada impede que alguns membros assumam as Ordens sacras para o serviço sacerdotal da comunidade religiosa.[148] Todavia o Concílio Vaticano II não dá qualquer encorajamento explícito nesse sentido, precisamente porque deseja que os Institutos de Irmãos permaneçam fiéis à sua vocação e missão. O mesmo vale quanto ao tema do acesso ao cargo de Superior, considerando que esse reflete de modo especial a natureza do próprio Instituto.

Diferente é a vocação dos irmãos naqueles Institutos que são designados «clericais», porque, segundo o projeto do fundador ou então em virtude de uma legítima tradição, prevêem o exercício da Ordem sacra, são governados por clérigos, e são reconhecidos como tais pela autoridade da Igreja.[149] Nestes Institutos, o ministério sagrado é constitutivo do próprio carisma e determina-lhes a índole, o fim, o espírito. A presença de irmãos constitui uma participação diferenciada na missão do Instituto, com serviços realizados tanto no seio das comunidades como nas obras apostólicas, em colaboração com aqueles que exercem o ministério sacerdotal.

148. Cf. Conc. Ecum. Vat. II, Decr. sobre a renovação da vida religiosa *Perfectae caritatis,* 10.

149. Cf. *Código de Direito Canônico,* cân. 588, § 2.

Institutos mistos

61. Alguns Institutos religiosos, que, no projeto originário do fundador, se apresentavam como fraternidades, onde todos os membros — sacerdotes e não-sacerdotes — eram considerados iguais entre si, com o passar do tempo, adquiriram uma fisionomia diversa. Importa que estes Institutos chamados «mistos» ponderem, na base de um aprofundamento do próprio carisma de fundação, se seria oportuno e possível voltar à inspiração original.

Os Padres sinodais formularam o voto de que, em tais Institutos, seja reconhecida a todos os religiosos igualdade de direitos e deveres, exceto os que derivam da Ordem sacra.[150] Para examinar e resolver os problemas relativos a esta matéria, foi instituída uma comissão específica, cujas conclusões convém esperar para se fazerem depois as opções convenientes segundo aquilo que for autenticamente estabelecido.

Novas formas de vida evangélica

62. O Espírito, que, ao longo dos tempos, suscitou numerosas formas de vida consagrada, não cessa de assistir a Igreja, quer alimentando nos Institutos já

150. Cf. *propositio* 10; CONC. ECUM. VAT. II, Decr. sobre a renovação da vida religiosa *Perfectae caritatis,* 15.

existentes o esforço de renovação na fidelidade ao carisma original, quer distribuindo novos carismas a homens e mulheres do nosso tempo, para que dêem vida a instituições adequadas aos desafios de hoje. Sinal desta intervenção divina são as chamadas *novas Fundações,* com características de algum modo originais relativamente às tradicionais.

A originalidade destas novas comunidades consiste freqüentemente no fato de se tratar de grupos compostos de homens e mulheres, de clérigos e leigos, de casados e solteiros, que seguem um estilo particular de vida, inspirado às vezes numa ou noutra forma tradicional ou adaptado às exigências da sociedade atual. Também o seu compromisso de vida evangélica se exprime em formas diversas, manifestando-se, como tendência geral, uma intensa aspiração à vida comunitária, à pobreza e à oração. No governo, participam clérigos e leigos, segundo as respectivas competências, e o fim apostólico vai ao encontro das solicitações da nova evangelização.

Se, por um lado, há que alegrar-se perante a ação do Espírito, por outro, é necessário proceder ao *discernimento dos carismas.* Princípio fundamental para se poder falar de vida consagrada é que os traços específicos das novas comunidades e formas de vida se apresentem fundados sobre os elementos essenciais, teológicos e canônicos, que são próprios da vida consagrada.[151] Este discernimento torna-se necessário tanto a nível local como universal, com o fim de se prestar uma obediência comum ao único Espírito. Nas dioceses, o Bispo examine o testemunho de vida e a ortodoxia dos fundadores e fundadoras dessas comunidades, a sua espiritualidade, a sensibilidade eclesial manifestada no desempenho da sua missão, os métodos de formação e os modos de incorporação na comunidade; avalie com prudência eventuais pontos fracos, aguardando com paciência a prova dos frutos (cf. Mt 7,16), para poder reconhecer a autenticidade do carisma.[152] De modo especial, é-lhe pedido que estabeleça, com base em critérios claros, a idoneidade daqueles que, nessas comunidades, pedem para ter acesso às Ordens sacras.[153]

Em virtude do referido princípio de discernimento, não podem ser incluídas na categoria específica da vida consagrada, aquelas formas de compromisso, se bem que louváveis, que alguns esposos cristãos assumem em associações ou movimentos eclesiais, quando, com a intenção de levarem à perfeição da caridade o seu amor, «como que consagrado» já no sacramento do matrimônio,[154] confirmam

151. Cf. *Código de Direito Canônico,* cân. 573; *Código dos Cânones das Igreja Orientais,* cân. 410.

152. Cf. *propositio* 13, B.

153. Cf. *propositio* 13, C.

154. Cf. Conc. Ecum. Vat. II, Const. past. sobre a Igreja no mundo contemporâneo *Gaudium et spes,* 48.

com um voto o dever de castidade próprio da vida conjugal e, sem transcurar os seus deveres para com os filhos, professam a pobreza e a obediência.[155] A necessária especificação acerca da natureza desta experiência não quer subestimar este particular caminho de santificação, ao qual não é certamente alheia a ação do Espírito Santo, infinitamente rico nos seus dons e inspirações.

Face a tanta riqueza de dons e impulsos inovadores, parece oportuno *criar uma Comissão para as questões referentes às novas formas de vida consagrada,* com o objetivo de estabelecer critérios de autenticidade, que sirvam de ajuda no discernimento e nas decisões.[156] Entre outras tarefas, deverá essa Comissão avaliar, à luz da experiência destes últimos decênios, as novas formas de consagração que a autoridade eclesiástica pode, com prudência pastoral e proveito comum, reconhecer oficialmente e propor aos fiéis desejosos de uma vida cristã mais perfeita.

Estas novas associações de vida evangélica *não são uma alternativa* às anteriores instituições, que continuam a ocupar o lugar insigne que a tradição lhes conferiu. Também as novas formas são um dom do Espírito, para que a Igreja siga o seu Senhor, num impulso perene de generosidade, atenta aos apelos de Deus que se revelam através dos sinais dos tempos. Assim ela apresenta-se ao mundo, diversificada

155. Cf. *propositio* 13, A.
156. Cf. *propositio* 13, B.

nas suas formas de santidade e de serviços, como «sinal e instrumento da íntima união com Deus e da unidade de todo o gênero humano».[157] Os antigos Institutos, muitos deles acrisolados por provas duríssimas suportadas com fortaleza ao longo dos séculos, podem enriquecer-se entrando em diálogo e troca de dons com as fundações que surgem no nosso tempo.

Desse modo, o vigor das várias instituições de vida consagrada, desde as mais antigas até às mais recentes, e ainda a vivacidade das novas comunidades alimentarão a fidelidade ao Espírito Santo, que é princípio de comunhão e de novidade perene de vida.

III. OLHANDO PARA O FUTURO

Dificuldades e perspectivas

63.   As mudanças em curso na sociedade e a diminuição do número das vocações fazem-se sentir sobre a vida consagrada, em algumas regiões do mundo. As obras apostólicas de muitos Institutos e a sua presença mesma em certas Igrejas locais encontram-se em perigo. Como sucedeu já outras vezes na história, há até Institutos que correm o risco de desaparecer. A Igreja universal sente-se sumamente grata

---

157. CONC. ECUM. VAT. II, Const. dogm. sobre a Igreja *Lumen gentium*, 1.

pela grande contribuição oferecida por eles para a sua edificação, com o testemunho e o serviço.[158] A aflição atual não anula os seus méritos nem os frutos amadurecidos mercê das suas canseiras.

Para outros Institutos, coloca-se mais o problema da reorganização das obras. Esta tarefa, não fácil e não raro dolorosa, exige estudo e discernimento, à luz de alguns critérios. Importa, por exemplo, salvaguardar o sentido do próprio carisma, promover a vida fraterna, estar atentos às necessidades da Igreja tanto universal como particular, ocupar-se daquilo que o mundo transcura, responder generosamente e com audácia — embora com intervenções forçosamente exíguas — às novas pobrezas, sobretudo nos lugares mais abandonados.[159]

As várias dificuldades, nascidas da diminuição de pessoal e de iniciativas, *não devem de modo algum fazer perder a confiança na força evangélica da vida consagrada,* que permanecerá sempre atual e operante na Igreja. Se os Institutos em si mesmos não têm a prerrogativa da perenidade, a vida consagrada continuará alimentando, nos fiéis, a resposta de amor para com Deus e para com os irmãos. Por

158. Cf. *propositio* 24.

159. Cf. Congregação para os Institutos de Vida Consagrada e as Sociedades de Vida Apostólica, Instr. sobre a vida fraterna em comunidade *Congregavit nos in unum Christi amor* (2 de fevereiro de 1994), 67: *L'Osservatore Romano* (ed. portuguesa: 12 de março de 1994), 17.

isso, é necessário distinguir a *existência histórica* de determinado Instituto ou de uma forma de vida consagrada, da *missão eclesial* da vida consagrada enquanto tal. A primeira pode mudar com a alteração das situações, a segunda é destinada a não definhar.

Isto é verdade tanto para a vida consagrada de tipo contemplativo, como para a devotada às obras de apostolado. No seu conjunto, sob a ação renovadora do Espírito, está destinada a continuar como luminoso testemunho da unidade indissolúvel entre o amor de Deus e o amor do próximo, como memória viva da fecundidade, mesmo humana e social, do amor de Deus. Por isso, as novas situações de penúria deverão ser enfrentadas com a serenidade de quem sabe que a cada um é pedido *não tanto o sucesso, como sobretudo o compromisso da fidelidade.* O que se deve absolutamente evitar é a verdadeira derrota da vida consagrada, que não está no declínio numérico, mas no desfalecimento da adesão espiritual ao Senhor e à própria vocação e missão. Ao contrário, perseverando fielmente nela, confessa-se, com grande eficácia mesmo perante o mundo, a firme confiança no Senhor da história, em cujas mãos estão os tempos e os destinos das pessoas, das instituições, dos povos, e, portanto, também as realizações históricas dos seus dons. As dolorosas situações de crise impelem as pessoas consagradas a proclamarem, com fortaleza, a sua fé na morte e ressurreição de Cristo, para se tornarem sinal visível da passagem da morte à vida.

Novo ardor da pastoral vocacional

64. A missão da vida consagrada e a vitalidade dos Institutos dependem, sem dúvida, do empenho de fidelidade com que os consagrados responderem à sua vocação, mas têm futuro na medida em que *outros homens e mulheres generosamente acolherem o chamado do Senhor.* O problema das vocações é um verdadeiro desafio que diretamente interpela os Institutos, mas tem a ver com toda a Igreja. Gastam-se grandes energias espirituais e materiais no campo da pastoral vocacional, mas nem sempre os resultados correspondem às expectativas e esforços. Sucede que, enquanto florescem as vocações à vida consagrada nas jovens Igrejas e nas que sofreram perseguição da parte de regimes totalitários, escasseiam nos países tradicionalmente ricos de vocações, mesmo missionárias.

Esta situação de dificuldade põe à prova as pessoas consagradas que às vezes se interrogam: perdemos porventura a capacidade de atrair novas vocações? É necessário ter confiança no Senhor Jesus, que continua chamando para o seguir, e abandonar-se ao Espírito Santo, autor e inspirador dos carismas da vida consagrada. Deste modo, enquanto nos alegramos pela ação do Espírito Santo, que rejuvenesce a Esposa de Cristo, fazendo florir a vida consagrada em muitas nações, devemos elevar insistentemente súplicas ao Senhor da messe para que mande operários para a sua Igreja, a fim de enfrentar as urgências da nova evangelização (cf. Mt 9,37-38). Além de promover a oração pelas vocações, é urgente empenhar-se, através de um anúncio explícito e uma catequese adequada, por favorecer nos chamados à vida consagrada aquela resposta livre, pronta e generosa, que torna operante a graça da vocação.

O convite de Jesus: «Vinde ver» (Jo 1,39) permanece, ainda hoje, *a regra de ouro* da pastoral vocacional. Esta visa apresentar, seguindo o exemplo dos fundadores e fundadoras, o *fascínio da pessoa do Senhor Jesus* e a beleza do dom total de si à causa do Evangelho. Portanto, a tarefa primária de todos os consagrados e consagradas é propor corajosamente, pela palavra e pelo exemplo, o ideal do seguimento de Cristo, amparando depois a resposta aos impulsos do Espírito no coração dos chamados.

Ao entusiasmo do primeiro encontro com Cristo, deverá seguir-se, obviamente, o paciente esforço daquela correspondência diária que faz da vocação uma história de amizade com o Senhor. Para tal objetivo, a pastoral vocacional sirva-se de meios adequados, como a *direção espiritual,* para alimentar aquela resposta de amor pessoal ao Senhor, que é condição essencial para se tornar discípulos e apóstolos do seu Reino. Entretanto, se o florescimento vocacional que se manifesta em várias partes do mundo justifica otimismo e esperança, a escassez em outras regiões não deve induzir ao desânimo nem à tentação de recrutamentos fáceis e imponderados. Importa que a tarefa de promover as vocações seja cumprida de modo tal que se manifeste cada vez mais como *um empenho unânime de toda a Igreja*.[160] Ora isto exige a ativa colaboração de pastores, religiosos, famílias e educadores, como convém a um serviço que é parte integrante da pastoral de conjunto de cada Igreja particular. Exista, portanto, em cada diocese este *serviço comum,* que coordene e multiplique as forças, sem contudo prejudicar — mas antes favoreça — a atividade vocacional de cada Instituto.[161]

Esta colaboração ativa de todo o Povo de Deus, sustentada pela Providência, não poderá deixar de apressar a abundância dos dons divinos. A solidariedade cristã venha generosamente ao encontro das necessidades da formação vocacional, nos países economicamente mais pobres. A promoção das vocações nestas nações seja efetuada pelos vários Institutos em plena harmonia com as Igrejas particulares, na base de uma ativa e prolongada inserção na sua pastoral.[162] O modo mais autêntico para secundar a ação do Espírito deve ser o de investir generosamente as melhores energias na atividade vocacional, especialmente por uma adequada dedicação à pastoral juvenil.

160. Cf. *propositio* 48, A.
161. Cf. *propositio* 48, B.
162. Cf. *propositio* 48, C.

O dever da formação inicial

65.   A Assembléia sinodal prestou particular atenção à *formação* de quem deseja consagrar-se ao Senhor,[163] reconhecendo a sua importância decisiva. *Objetivo central* do caminho de formação é a preparação da pessoa para a consagração total de si mesma a Deus no seguimento de Cristo, a serviço da missão. Responder «sim» ao apelo de Deus, assumindo pessoalmente o dinamismo do crescimento vocacional, é responsabilidade inalienável de cada chamado, que deve abrir o espaço da própria vida à ação do Espírito Santo; é percorrer com generosidade o caminho de formação, acolhendo com fé as mediações que o Senhor e a Igreja lhe oferecem.[164]

A formação deverá, pois, atingir em profundidade a própria pessoa, de tal modo que cada uma das suas atitudes ou gestos, tanto nos momentos importantes como nas circunstâncias ordinárias da vida, possa revelar a sua pertença total e feliz a Deus.[165] Uma vez que o fim da vida consagrada consiste na configuração com o Senhor Jesus e com a sua *oblação total*,[166] para isso sobretudo é que deve orientar

163. Cf. *propositio* 49, A.

164. Cf. Congregação para os Institutos de Vida Consagrada e as Sociedades de Vida Apostólica, Instr. *Potissimum institutioni* (2 de fevereiro de 1990), 29: *AAS* 82 (1990), 493.

165. Cf. *propositio* 49, B.

166. Cf. Congregação para os Religiosos e os Institutos Seculares, Instr. «Elementos essenciais da doutrina da Igreja

a formação. Trata-se de um itinerário de progressiva assimilação dos sentimentos de Cristo para com o Pai.

Se esta é a finalidade da vida consagrada, o método que prepara para ela deverá assumir e manifestar *a característica da totalidade*. Deverá ser formação da pessoa toda,[167] nos vários aspectos da sua individualidade, tanto nos comportamentos como nas intenções. Exatamente porque tende à transformação da pessoa toda, está claro que o *dever da formação nunca termina*. Importa, de fato, que às pessoas consagradas sejam oferecidas, até ao fim, oportunidades de crescimento na adesão ao carisma e à missão do próprio Instituto.

A formação, por ser total, compreenderá todos os campos da vida cristã e da vida consagrada. Assim, deve-se prever uma preparação humana, cultural, espiritual e pastoral, colocando todo o cuidado por que seja favorecida a integração harmônica dos diversos aspectos. À formação inicial, entendida como processo evolutivo que passa pelos vários graus do amadurecimento pessoal — desde o psicológico e espiritual até ao teológico e pastoral —, deve-se reservar um período de tempo suficientemente amplo. No caso das vocações para o presbiterado, acaba por

sobre a vida religiosa aplicados aos Institutos consagrados ao apostolado» (31 de maio de 1983) 45: *L'Osservatore Romano* (ed. portuguesa: 28 de agosto de 1983) 5.

167. Cf. *Código de Direito Canônico,* cân. 607, § 1.

coincidir e harmonizar-se com um programa específico de estudos que faz parte de um percurso formativo bem mais amplo.

A tarefa dos formadores e formadoras

66. Deus Pai, pelo dom contínuo de Cristo e do Espírito, é o formador por excelência de quem a ele se consagra. Mas nesta obra, ele serve-se da mediação humana, colocando ao lado dos que chama alguns irmãos e irmãs mais velhos. A formação é, portanto, participação na ação do Pai que, através do Espírito, plasma no coração dos jovens e das jovens os sentimentos do Filho. Assim, os formadores e formadoras devem ser especialistas no caminho da procura de Deus, para serem capazes de acompanhar também outros neste itinerário. Atentos à ação da graça, saberão apontar os obstáculos, mesmo os menos visíveis, mas sobretudo hão-de mostrar a beleza do seguimento do Senhor e o valor do carisma em que isso se concretiza. Às luzes da sabedoria espiritual unirão a iluminação oferecida pelos instrumentos humanos, que possam servir de ajuda tanto no discernimento vocacional, como na formação do homem novo, para que se torne autenticamente livre. Instrumento essencial de formação é o colóquio pessoal, que há-de verificar-se regularmente com certa freqüência, como tradição de insubstituível e comprovada eficácia.

Perante tarefas tão delicadas, resulta verdadeiramente importante a preparação de formadores idôneos, que, no seu serviço, assegurem uma grande sintonia com o caminho de toda a Igreja. Será oportuno criar estruturas adequadas para *a preparação dos formadores,* se possível em lugares onde seja proporcionado o contato com a cultura em que deve ser, depois, exercido o serviço pastoral. Nesta obra de formação, os Institutos que já se encontrem melhor radicados dêem uma mão aos Institutos de fundação mais recente, graças à ajuda de alguns dos seus melhores membros.[168]

Uma formação comunitária e apostólica

67.   Visto que a formação deve ser também *comunitária,* o seu lugar privilegiado no caso dos Institutos de vida religiosa e das Sociedades de Vida Apostólica é a comunidade. Nesta, tem lugar a iniciação à dificuldade e à alegria de viverem juntos. Aí cada um aprende a viver em fraternidade com aquele que Deus pôs ao seu lado, aceitando as suas características positivas juntamente com as suas diferenças e limitações. De modo particular, aprende a partilhar os dons recebidos para a edificação de todos, visto que «a manifestação do Espírito é dada a cada um

168. Cf. *propositio* 50.

para proveito comum» (1Cor 12,7).[169] Ao mesmo tempo, a vida comunitária deve mostrar, desde a formação inicial, a dimensão missionária intrínseca à consagração. Por isso nos Institutos de vida consagrada, durante o período da formação inicial, será útil realizar experiências concretas, prudentemente acompanhadas pelo formador ou formadora, para exercitar, no diálogo com a cultura circundante, as atitudes apostólicas, a capacidade de adaptação, o espírito de iniciativa.

Se, por um lado, é importante que a pessoa consagrada vá adquirindo progressivamente uma consciência evangelicamente crítica face aos valores e contra-valores tanto da cultura própria como daquela que encontrará no futuro campo de trabalho, por outro, ela deve exercitar-se na difícil arte da unidade de vida, da mútua compenetração da caridade para com Deus e para com os irmãos e irmãs, experimentando que a oração é a alma do apostolado, mas que também o apostolado vivifica e estimula a oração.

---

169. Cf. Congregação para os Institutos de Vida Consagrada e as Sociedades de Vida Apostólica, Instr. sobre a vida fraterna em comunidade *Congregavit nos in unum Christi amor* (2 de fevereiro de 1994), 32-33: *L'Osservatore Romano* (ed. portuguesa: 12 de março de 1994), 11-12.

Necessidade de uma ratio *completa e atualizada*

68. Um período explícito de formação, que se estenda até à profissão perpétua, é recomendado também para os religiosos irmãos, tanto dos Institutos femininos como dos masculinos O mesmo vale substancialmente também para as comunidades claustrais, que terão o cuidado de elaborar um programa adequado, tendo em vista uma autêntica formação para a vida contemplativa e para a sua missão peculiar na Igreja.

Os Padres sinodais solicitaram vivamente a todos os Institutos de vida consagrada e Sociedades de Vida Apostólica que elaborassem, quanto antes, uma *ratio institutionis,* isto é, um projeto de formação inspirado no carisma institucional, no qual se apresente, de forma clara e dinâmica, o caminho a seguir para se assimilar plenamente a espiritualidade do próprio Instituto. A *ratio* dá resposta a uma verdadeira urgência de hoje: por um lado, indica o modo de transmitir o espírito do Instituto, a fim de ser vivido em toda a sua genuinidade pelas novas gerações, na diversidade das culturas e das situações geográficas, e, por outro, ilustra às pessoas consagradas os meios para viverem o mesmo espírito nas várias fases da existência, avançando para a plena maturidade da fé em Cristo Jesus.

Portanto, se é verdade que a renovação da vida consagrada depende principalmente da formação, é igualmente certo que esta, por sua vez, está ligada à capacidade de propor um método rico de sabedoria espiritual e pedagógica, que leve progressivamente a assumir os sentimentos de Cristo Senhor quem aspira a consagrar-se. A formação é um processo vital, através do qual a pessoa se converte ao Verbo de Deus até às profundezas do seu ser e, ao mesmo tempo, aprende a arte de procurar os sinais de Deus nas realidades do mundo. Numa época de crescente marginalização dos valores religiosos da cultura, este caminho de formação é duplamente importante: graças a ele, a pessoa consagrada não só pode continuar a «ver» Deus com os olhos da fé, num mundo que ignora a sua presença, mas consegue também de algum modo tornar «sensível» a presença dele, por meio do testemunho do próprio carisma.

A formação permanente

69. A formação permanente, tanto para os Institutos de vida apostólica como para os de vida contemplativa, constitui uma exigência intrínseca à consagração religiosa. Como se disse, o processo de formação não se reduz à sua fase inicial, visto que a pessoa consagrada, pelas suas limitações humanas, não poderá mais pensar ter completado a gestação

daquele homem novo que experimenta dentro de si, em cada circunstância da vida, os mesmos sentimentos de Cristo. A formação *inicial* deve, portanto, consolidar-se com a formação *permanente,* criando no sujeito a disponibilidade para se deixar formar em cada dia da sua vida.[170]

Por conseguinte, será muito importante que cada Instituto preveja, como parte da *ratio institutionis,* a definição, o mais possível precisa e sistemática, de um projeto de formação permanente, cujo objetivo primário seja o de acompanhar cada pessoa consagrada com um programa aberto à existência inteira. Ninguém se pode eximir de se aplicar ao próprio crescimento humano e religioso; tal como ninguém pode presumir de si mesmo, gerindo a própria vida com auto-suficiência. Nenhuma fase da vida se pode considerar tão segura e fervorosa que exclua a conveniência de cuidados específicos para garantir a perseverança na fidelidade, tal como não existe idade que chegue ver consumada a maturação da pessoa.

Num dinamismo de fidelidade

70.   Há uma juventude do espírito que permanece independentemente do tempo: está relacionada com o fato de o indivíduo procurar e encontrar, em cada

170. Cf. *propositio* 51.

fase da vida, uma tarefa diversa a cumprir, um modo específico de ser, de servir e de amar.[171]

Na vida consagrada, *os primeiros anos da inserção plena na atividade apostólica* representam uma fase crítica por natureza, porque marcada pela passagem de uma vida guiada a uma situação de *plena responsabilidade operante.* Será importante que as pessoas recém-consagradas sejam sustentadas e acompanhadas por um irmão ou uma irmã que as ajude a viver plenamente a juventude do seu amor e do seu entusiasmo por Cristo.

A fase sucessiva pode apresentar o *risco do hábito* e a conseqüente tentação da desilusão pela escassez dos resultados. Neste caso, é necessário ajudar as pessoas consagradas de *meia idade* a reverem, à luz do Evangelho e da inspiração carismática, a sua opção originária sem confundir a totalidade da dedicação com a totalidade do resultado. Isto permitirá dar renovado impulso e novas motivações à própria escolha. É a estação da busca do essencial.

A fase da ldade madura, contemporânea ao crescimento pessoal, pode comportar o *perigo de um certo individualismo,* acompanhado quer pelo temor

---

171. Cf. Congregação para os Institutos de Vida Consagrada e as Sociedades de Vida Apostólica, Instr. sobre a vida fraterna em comunidade *Congregavit nos in unum christi amor* (2 de fevereiro de 1994), 43-45: *L'Osservatore Romano* (ed. portuguesa: 12 de março de 1994), 13.

de já não estar adaptado aos tempos, quer por fenômenos de endurecimento, insensibilidade e relaxamento. Aqui a formação permanente tem a finalidade de ajudar não só a recuperar um grau mais alto de vida espiritual e apostólica, mas ainda a descobrir a peculiaridade desta fase da existência. De fato, uma vez purificados nela alguns aspectos da personalidade, a oferta de si mesmo sobe a Deus com maior pureza e generosidade, refluindo depois sobre os irmãos e irmãs mais serena e discreta, mas também mais transparente e rica de graças. É o dom e a experiência da paternidade e maternidade espiritual.

A idade avançada coloca novos problemas, que devem ser previamente enfrentados com um ponderado programa de apoio espiritual. O afastamento progressivo da atividade e, em alguns casos, a doença e a forçada inatividade constituem uma experiência que se pode tornar altamente formativa. Momento este muitas vezes doloroso, oferece, no entanto, à pessoa consagrada idosa a oportunidade de se deixar plasmar pela experiência pascal,[172] configurando-se com Cristo crucificado que cumpre em tudo a vontade do Pai e se abandona nas suas mãos até lhe entregar o espírito. Esta configuração é um modo novo de

---

172. Cf. Congregação para os Institutos de Vida Consagrada e as Sociedades de Vida Apostólica, Instr. *Potissimum institutioni* (2 de fevereiro de 1990), 70: *AAS* 82 (1990), 513-514.

viver a consagração, que não está ligada à eficiência de uma tarefa de governo ou de um trabalho apostólico.

Quando, depois, chega o *momento de unir-se à hora suprema da Paixão do Senhor,* a pessoa consagrada sabe que o Pai está finalmente levando a cumprimento nela aquele misterioso processo de formação, há tempos iniciado. A morte será, então, esperada e preparada como o ato supremo de amor e de entrega de si mesma.

É necessário acrescentar que, independentemente das várias fases da vida, cada idade pode conhecer situações críticas devido à intervenção de fatores externos — mudança de lugar ou de serviço, dificuldades no trabalho ou insucesso apostólico, incompreensão ou marginalização etc. — ou devido a fatores mais estritamente pessoais — doença física ou psíquica, aridez espiritual, lutos, problemas de relacionamento interpessoal, fortes tentações, crises de fé ou de identidade, sensação de inutilidade, e outros semelhantes. Quando a fidelidade se torna mais difícil, é preciso oferecer à pessoa o apoio de uma maior confiança e de um amor mais intenso, a nível pessoal e comunitário. Nessas ocasiões sobretudo, é necessária a solidariedade afetuosa do Superior; grande conforto virá ainda da ajuda qualificada de um irmão ou de uma irmã, cuja presença carinhosa e disponível poderá levar a redescobrir o sentido da aliança que Deus tomou a iniciativa de estabelecer e não a entende desdizer. A pessoa provada chegará, deste modo, a acolher a purificação e o despojamento como atos essenciais de seguimento de Cristo crucificado. A prova mesma será vista como instrumento providencial de formação nas mãos do Pai, como luta não apenas *psicológica,* conduzida pelo sujeito relativamente a si próprio e às suas fraquezas, mas também *religiosa,* marcada cada dia pela presença de Deus e pelo poder da Cruz!

Dimensões da formação permanente

71.   Se o sujeito da formação é a pessoa nas diversas fases da sua vida, o termo último da formação é a totalidade do ser humano, chamado a procurar e a amar a Deus, «com todo o coração, com toda a alma e com todas as forças» (cf. Dt 6,5), e ao próximo como a si mesmo (cf. Lv 19,18; Mt 22,37-39). O amor a Deus e aos irmãos é um dinamismo poderoso, que pode inspirar constantemente o caminho de crescimento e de fidelidade.

A vida no Espírito tem obviamente o primado. Nela, a pessoa consagrada readquire a própria identidade e uma serenidade profunda, cresce na atenção aos desafios cotidianos da Palavra de Deus, e deixa-se guiar pela inspiração original do próprio Instituto. Sob a ação do Espírito, são tenazmente defendidos os tempos de oração, de silêncio, de solidão, e implora-se do Alto, com insistência, o dom da sabedoria para as canseiras de cada dia (cf. Sb 9,10).

A dimensão humana e fraterna requer o conhecimento de si mesmo e dos próprios limites, para daí tirar o devido estímulo e apoio no caminho para a plena libertação. Particularmente importantes, no contexto moderno, são a liberdade interior da pessoa consagrada, a maturidade afetiva, a capacidade de comunicar com todos, especialmente na própria comunidade, a serenidade do espírito e a sensibilidade por quem sofre, o amor à verdade, uma coerência linear entre as palavras e as obras.

A dimensão apostólica abre a mente e o coração da pessoa consagrada, e predispõe-na para um contínuo esforço no serviço, como sinal do amor de Cristo que a impele (cf. 2Cor 5,14). Isto significará, na prática, uma atualização de métodos e objetivos das atividades apostólicas, na fidelidade ao espírito e finalidade do fundador ou fundadora e às tradições posteriormente amadurecidas, com uma atenção constante às alterações verificadas nas condições históricas e culturais, gerais e locais, do ambiente onde se trabalha.

A dimensão cultural e profissional, tendo por base uma sólida formação teológica que consinta o discernimento, implica uma atualização permanente e uma atenção particular aos vários campos que cada carisma privilegia. Por isso, é necessário permanecer mentalmente o mais possível abertos e dóceis, para que o serviço seja concebido e prestado segundo as exigências do respectivo tempo, valendo-se dos instrumentos fornecidos pelo progresso cultural.

Na dimensão do carisma, por último, encontram-se recolhidas todas as outras exigências, como numa síntese que exige um aprofundamento contínuo da própria consagração especial em suas várias componentes, não só na apostólica, mas também nas componentes ascética e mística. Isto comporta para cada um dos membros um estudo assíduo do espírito do Instituto a que pertence, da sua história e missão, para melhorar a sua assimilação pessoal e comunitária.[173]

---

173. Cf. Congregação para os Institutos de Vida Consagrada e as Sociedades de Vida Apostólica, Instr. *Potissimum instituioni* (2 de Fevereiro de 1990), 68: *AAS* 82 (1990), 512.

CAPÍTULO III

SERVITIUM CARITATIS

A VIDA CONSAGRADA,
EPIFANIA DO AMOR DE DEUS NO MUNDO

Consagrados para a missão

72. A imagem de Jesus, dileto Filho «a quem o Pai consagrou e enviou ao mundo» (Jo 10,36), também aqueles que Deus chama a seguir Cristo são consagrados e enviados ao mundo para imitar o seu exemplo e continuar a sua missão. Valendo fundamentalmente para todo discípulo, isto aplica-se de modo especial àqueles que são chamados, na característica forma da vida consagrada, a seguir Cristo «mais de perto» e a fazer dele o «tudo» da sua existência. Na sua vocação, portanto, está incluído o dever de *se dedicarem totalmente à missão;* mais, a própria vida consagrada, sob a ação do Espírito Santo que está na origem de toda vocação e carisma, torna-se missão, tal como o foi toda a vida de Jesus. A profissão dos conselhos evangélicos, que torna a pessoa totalmente livre para a causa do Evangelho, revela a sua importância também desde este ponto de vista. Assim é preciso afirmar que *a missão é*

essencial para cada Instituto, não só os de vida apostólica ativa, mas também de vida contemplativa.

Na realidade, a missão, antes de ser caracterizada pelas obras externas, define-se pelo tornar presente o próprio Cristo no mundo, através do testemunho pessoal. Este é o desafio, a tarefa primária da vida consagrada! Quanto mais se deixa conformar com Cristo, tanto mais o torna presente no mundo e operante para a salvação dos homens.

Assim, pode-se afirmar que a pessoa consagrada está «em missão» por força da sua própria consagração, testemunhada segundo o projeto do respectivo Instituto. Quando o carisma de fundação prevê atividades pastorais, é óbvio que o testemunho de vida e as obras de apostolado e promoção humana são igualmente necessários: ambos representam Cristo, que é simultaneamente o consagrado à glória do Pai e o enviado ao mundo para a salvação dos irmãos e irmãs.[174]

Além disso, a vida religiosa participa na missão de Cristo por outro elemento peculiar que lhe é próprio: *a vida fraterna em comunidade para a missão.* Por isso, a vida religiosa será tanto mais apostólica quanto mais íntima for a sua dedicação ao Senhor Jesus, quanto mais fraterna for a sua forma comunitária de existência, quanto mais ardoroso for o seu empenho na missão específica do Instituto.

174. Cf. Conc. Ecum. Vat. II, Const. dogm. sobre a Igreja *Lumen gentium,* 46.

A serviço de Deus e do homem

73. A vida consagrada tem a função profética de *recordar e servir o desígnio de Deus sobre os homens,* tal como esse desígnio é anunciado pela Escritura e resulta também da leitura atenta dos sinais da ação providente de Deus na história. É projeto de uma humanidade salva e reconciliada (cf. Cl 2,20-22). Para cumprirem convenientemente tal serviço, as pessoas consagradas devem ter uma profunda experiência de Deus e tomar consciência dos desafios do seu tempo, identificando o sentido teológico profundo deles por meio do discernimento realizado com a ajuda do Espírito. É que, nos acontecimentos históricos, encerra-se freqüentemente o apelo de Deus para trabalharmos segundo os seus planos com uma inserção ativa e fecunda nos acontecimentos do nosso tempo.[175]

O discernimento dos sinais dos tempos, como afirma o Concílio, deve ser feito à luz do Evangelho, para que se «possa responder (...) às eternas perguntas dos homens acerca do sentido da vida presente e da futura, e da relação entre ambas[176] É necessário, portanto, abrir o coração às sugestões interiores do Espírito, que convida a ler em profundidade os desígnios da Providência. Ele chama a vida consagrada

175. *Propositio* 35, A.

176. Const. past. sobre a Igreja no mundo contemporâneo *Gaudium et spes,* 4.

a elaborar novas respostas para os problemas novos do mundo atual. São solicitações divinas, que só pessoas habituadas a procurar em tudo a vontade de Deus conseguem captar fielmente e, depois, traduzilas corajosamente em opções coerentes seja com o carisma originário, seja com as exigências da situação histórica concreta.

Perante os numerosos problemas e urgências que parecem às vezes comprometer e até mesmo transtornar a vida consagrada, os chamados não podem deixar de sentir o compromisso de conservarem no coração e levarem à oração as inúmeras necessidades do mundo inteiro, ao mesmo tempo que trabalham vigorosamente nos campos ligados ao carisma de fundação. A sua dedicação deverá, obviamente, ser guiada pelo discernimento *sobrenatural,* que sabe distinguir o que vem do Espírito daquilo que lhe é contrário (cf. Gl 5,16-17.22; 1Jo 4,6). Mediante a fidelidade à Regra e às Constituições, tal discernimento conserva a plena comunhão com a Igreja.[177]

Assim, a vida consagrada não se limitará a ler os sinais dos tempos, mas há-de contribuir também para elaborar e atuar *novos projetos de evangelização* para as situações atuais. E tudo isto, na certeza derivada da fé de que o Espírito sabe dar as respostas apropriadas mesmo às questões mais difíceis. A este respeito, será bom redescobrir aquilo que sem-

177. Cf. Conc. Ecum. Vat. II, Const. dogm. sobre a Igreja *Lumen gentium,* 12.

pre ensinaram os grandes protagonistas da ação apostólica: é preciso confiar em Deus como se tudo dependesse dele e, ao mesmo tempo, empenhar-se generosamente como se tudo dependesse de nós.

Colaboração eclesial e espiritualidade apostólica

74. Tudo deve ser feito *em comunhão e diálogo* com as outras componentes eclesiais. Os desafios da missão são tais que não podem ser eficazmente enfrentados, tanto no discernimento como na ação, sem a colaboração de todos os membros da Igreja. Dificilmente o indivíduo isoladamente possui a resposta decisiva: esta, ao contrário, pode brotar da confrontação e do diálogo. De modo particular, a comunhão de ação entre os vários carismas não deixará de garantir, para além do enriquecimento recíproco, uma eficácia mais incisiva na missão. A experiência destes anos confirma largamente que «o diálogo é o novo nome da caridade»,[178] especialmente da caridade eclesial; é o que ajuda a ver os problemas nas suas reais dimensões, e permite enfrentá-los com melhores esperanças de sucesso. A vida consagrada, pelo fato mesmo de cultivar o valor da vida fraterna, apresenta-se como uma experiência privilegiada de diálogo. Deste modo, ela pode contribuir para criar um

178. PAULO VI, Carta enc. *Ecclesiam suam* (6 de agosto de 1964), III: *AAS* 56 (1964), 639.

clima de aceitação recíproca, no qual os vários sujeitos eclesiais, sentindo-se valorizados por aquilo que são, concorrem de maneira mais convicta para a comunhão eclesial, orientada para a grande missão universal.

Os Institutos empenhados nas várias formas de serviço apostólico devem, enfim, cultivar *uma sólida espiritualidade da ação,* vendo Deus em todas as coisas e todas as coisas em Deus. De fato, «é preciso saber que como uma vida bem ordenada tende a passar da vida ativa à contemplativa, também a maior parte das vezes o espírito regressa com proveito da vida contemplativa à ativa, para conservar mais perfeitamente a vida ativa para aquilo que a vida contemplativa lhe acendeu na mente. Portanto a vida ativa deve transferir-nos à vida contemplativa, e algumas vezes a contemplação, por aquilo que vimos interiormente, deve chamar-nos a uma melhor ação».[179] O próprio Jesus nos deu o exemplo perfeito de como é possível unir a comunhão com o Pai e uma vida intensamente ativa. Sem a tensão constante para tal unidade, o perigo de colapso interior, desorientação e desânimo está continuamente à espreita. A união íntima entre a contemplação e a ação permitirá, hoje como ontem, enfrentar as missões mais difíceis.

179. S. Gregório Magno, *Hom. in Ezech.*, II, II, 11: *PL* 76, 954-955.

I. O AMOR ATÉ O FIM

Amar com o coração de Cristo

75.   «Ele que amara os seus que estavam no mundo, amou-os até o fim. E, no decorrer da ceia, (...) levantou-se da mesa (...) e começou a lavar os pés aos discípulos e a enxugá-los com a toalha com que estava cingido» (Jo 13,1-2.4-5).

Ao lavar os pés, Jesus revela a profundidade do amor de Deus pelo homem: nele, o próprio Deus põe-se a serviço dos homens! Mas revela ao mesmo tempo o sentido da vida cristã e, com maior razão, da vida consagrada, que é *vida de amor oblativo,* de serviço concreto e generoso. No seguimento do Filho do homem que «não veio ao mundo para ser servido, mas para servir» (Mt 20,28), a vida consagrada, pelo menos nos períodos melhores da sua longa história, caracterizou-se por este «lavar os pés», ou seja, pelo serviço sobretudo aos mais pobres e necessitados. Se, por um lado, aquela contempla o mistério sublime do Verbo no seio do Pai (cf. Jo 1,1), por outro, segue o Verbo que se faz carne (cf. Jo 1,14), se aniquila, se humilha para servir os homens. As pessoas que seguem Cristo pelo caminho dos conselhos evangélicos também hoje se propõem ir até onde Cristo foi e fazer o que ele fez.

Continuamente Jesus chama a si novos discípulos, homens e mulheres, para lhes comunicar, mediante a efusão do Espírito (cf. Rm 5,5), o *ágape* divino, o seu modo de amar, estimulando-os assim a servirem os outros, no humilde dom de si próprios, sem cálculos interesseiros. A Pedro que, extasiado pelo resplendor da Transfiguração, exclama: «Senhor, é bom estarmos aqui» (Mt 17,4), é dirigido o convite a regressar às estradas do mundo, para continuar a servir o Reino de Deus: «Desce, Pedro! Desejavas repousar no monte. Desce! Prega a Palavra de Deus, insiste a todo momento, oportuna e inoportunamente, repreende, exorta, encoraja com toda a paciência e doutrina. Trabalha, não olhes as canseiras, nem rejeites dores ou suplícios, a fim de que, pela candura e beleza das boas obras, tu possuas na caridade aquilo que está simbolizado nas vestes brancas do Senhor».[180] O olhar fixo no rosto do Senhor não diminui no apóstolo o empenho a favor do homem; pelo contrário, reforça-o, dotando-o de uma nova capacidade de influir na história, para a libertar de tudo quanto a deforma.

A busca da beleza divina impele as pessoas consagradas a cuidarem da imagem divina deformada nos rostos de irmãos e irmãs: rostos desfigurados pela fome, rostos desiludidos pelas promessas políticas, rostos humilhados de quem vê desprezada a própria cultura, rostos assustados pela violência cotidiana e indiscriminada, rostos angustiados de menores, rostos de mulheres ofendidas e humilhadas, rostos

180. S. Agostinho, *Sermo 78*, 6: *PL* 38, 492.

cansados de migrantes sem um digno acolhimento, rostos de idosos sem as mínimas condições para uma vida digna.[181] A vida consagrada prova assim, com a eloqüência das obras, que a caridade divina é fundamento e estímulo do amor gratuito e operoso. Bem convencido disto estava S. Vicente de Paulo, quando indicava às Filhas da Caridade este programa de vida: «O espírito da Companhia consiste em dar-se a Deus para amar Nosso Senhor e servi-lo na pessoa dos pobres material e espiritualmente, nas suas casas e em outros lugares, para instruir as meninas pobres, as crianças, e em geral todos aqueles que a divina Providência vos manda».[182]

Entre os possíveis âmbitos da caridade, certamente aquele que, a título especial, manifesta ao mundo o amor «até ao fim» é, hoje, o anúncio apaixonado de Jesus Cristo àqueles que ainda não o conhecem, aos que o esqueceram, e de modo preferencial aos pobres.

181. Cf. IV CONFERÊNCIA GERAL DO EPISCOPADO LATINO-AMERICANO, Doc. *Nova evangelização, promoção humana e cultura cristã* (CELAM 1992), conclusão, n. 178.

182. Conférence «Sur l'esprit de la Compagnie» (9 de fevereiro de 1653): *Corréspondance, Entretiens, Documents* (ed. Coste IX - Paris 1923), 592.

*Contribuição específica da vida consagrada
para a evangelização*

76. A contribuição específica dos consagrados e consagradas para a evangelização consiste, primeiramente, no testemunho de uma vida totalmente entregue a Deus e aos irmãos, à imitação do Salvador que se fez servo, por amor do homem. Na obra da salvação, de fato, tudo provém da participação no ágape divino. As pessoas consagradas, na sua consagração e total doação, tornam visível a presença amorosa e salvadora de Cristo, o consagrado do Pai, enviado em missão.[183] Deixando-se conquistar por ele (cf. Fl 3,12), aquelas dispõem-se a ser, de certo modo, um prolongamento da sua humanidade.[184] A vida consagrada mostra eloqüentemente que quanto mais se vive de Cristo, tanto melhor se pode servi-lo nos outros, aventurando-se até aos postos de vanguarda da missão, e abraçando os maiores riscos.[185]

183. Cf. CONGR. PARA OS RELIGIOSOS E OS INSTITUTOS SECULARES, Instr. «Elementos essenciais da doutrina da Igreja sobre a vida religiosa aplicados aos Institutos consagrados ao apostolado» (31 de maio de 1983), 23-24: *L'Osservatore Romano* (ed. portuguesa: 14 de agosto de 1983), 5.

184. Cf. B. ISABEL DA TRINDADE, *O mon Dieu, Trinité que j'adore: Œuvres complètes* (Paris 1991), 199-200.

185. Cf. PAULO VI, Exort. ap. *Evangelii nuntiandi* (8 de dezembro de 1975), 69: *AAS* 68 (1976), 59.

A primeira evangelização: anunciar Cristo aos povos

77.   Quem ama a Deus, Pai de todos, não pode deixar de amar os seus semelhantes, nos quais reconhece igualmente seus irmãos e irmãs. Por isso mesmo, não pode ficar indiferente face à constatação de que muitos deles não conhecem a plena manifestação do amor de Deus em Cristo. Daqui nasce, por obediência ao mandato de Cristo, o ardor missionário *ad gentes,* que todo cristão consciente partilha com a Igreja, missionária por natureza. É um ardor sentido sobretudo pelos membros dos Institutos, tanto de vida contemplativa como ativa.[186] De fato, as pessoas consagradas têm o dever de tornar presente, mesmo entre os não-cristãos,[187] Jesus Cristo casto, pobre, obediente, orante e missionário.[188] Permanecendo dinamicamente fiéis ao próprio carisma, elas, por força da sua consagração mais íntima a Deus,[189] não podem deixar de se sentirem comprometidas numa especial colaboração com a atividade missionária da Igreja. Aquele desejo tantas vezes manifestado por Teresa de Lisieux: «amar-te e fazer-te amar»;

186. Cf. *propositio* 37, A.

187. Cf. CONC. ECUM. VAT. II, Const. dogm. sobre a Igreja *Lumen gentium,* 46; PAULO VI, Exort. ap. *Evangelii nuntiandi* (8 de dezembro de 1975), 69: *AAS* 68 (1976), 59.

188. Cf. CONC. ECUM. VAT. II, Const. dogm. sobre a Igreja *Lumen gentium,* 44; 46.

189. CF. CONC. ECUM. VAT. II, Decr. sobre a atividade missionária da Igreja *Ad gentes,* 18; 40.

o ardente anseio de S. Francisco Xavier de que «muitos daqueles que estudam as ciências, se meditassem nas contas que Deus nosso Senhor lhes há-de pedir delas e do talento que lhes deu, decidir-se-iam a procurar meios e Exercícios espirituais para conhecer e ouvir dentro da própria alma a vontade divina, e, conformando-se mais com ela do que com as próprias inclinações, diriam: 'Senhor, eis-me aqui; que quereis que eu faça? Mandai-me onde quiserdes'»,[190] e outros testemunhos semelhantes de inúmeras pessoas santas manifestam a irreprimível tensão missionária que determina e qualifica a vida consagrada.

Presentes em todos os cantos da terra

78. «O amor de Cristo nos impele» (2Cor 5,14): os membros de cada Instituto deveriam poder repetir isto com o Apóstolo, porque é tarefa da vida consagrada trabalhar em todos os cantos da terra para consolidar e dilatar o Reino de Cristo, levando o anúncio do Evangelho a toda parte, mesmo às regiões mais longínquas.[191] Na verdade, a história missionária testemunha a grande contribuição que eles deram para a evangelização dos povos: desde as antigas

190. *Carta aos Companheiros residentes em Roma* (Cochim: 15 de janeiro de 1544): *Monumenta Historica Societatis Iesu,* 67 (1944), 166-167.

191. Cf. Conc. Ecum. Vat. II, Const. dogm. sobre a Igreja *Lumen gentium,* 44.

Famílias monásticas até às Fundações mais recentes empenhadas de maneira exclusiva na missão *ad gentes,* desde os Institutos de vida ativa até aos que se dedicam à contemplação,[192] inúmeras pessoas consumiram as próprias energias nesta «atividade primária e essencial da Igreja, jamais concluída»,[193] porque dirigida à multidão, sempre maior, daqueles que não conhecem Cristo.

Ainda hoje, este dever continua a interpelar urgentemente os Institutos de vida consagrada e as Sociedades de Vida Apostólica: o anúncio do Evangelho de Cristo espera deles a máxima contribuição possível. Mesmo os Institutos que surgem ou trabalham nas jovens Igrejas são convidados a abrirem-se à missão junto dos não-cristãos, dentro e fora da sua pátria. Apesar das compreensíveis dificuldades que alguns deles possam atravessar, é bom que todos se lembrem que, da mesma forma que «é dando a fé que ela se fortalece»,[194] assim também a missão reforça a vida consagrada, dá-lhe novo entusiasmo e novas motivações, estimula a sua fidelidade; e a atividade missionária, por sua vez, oferece amplos espaços para acolher as mais variadas formas de vida consagrada.

192. Cf. João Paulo II, Carta enc. *Redemptoris missio* (7 de dezembro de 1990), 69: *AAS* 83 (1991), 317-318; *Catecismo da Igreja Católica,* 927.

193. João Paulo II, Carta enc. *Redemptoris missio* (7 de dezembro de 1990), 31: *AAS* 83 (1991), 277.

194. *Ibid.,* 2: *o.c.,* 251.

A missão *ad gentes* oferece oportunidades extraordinárias e especiais às mulheres consagradas, aos religiosos irmãos e aos membros dos Institutos seculares, para uma ação particularmente incisiva. Os últimos referidos podem, com a sua presença nos vários âmbitos típicos da vocação laical, desempenhar uma preciosa obra de evangelização dos ambientes, das estruturas e mesmo das leis que regulam a convivência social. Além disso, podem testemunhar os valores evangélicos junto das pessoas que ainda não conhecem Jesus, dando assim uma específica contribuição para a missão.

Convém sublinhar ainda que, nos países onde estão radicadas religiões não-cristãs, assume enorme importância a presença da vida consagrada, tanto por meio das atividades educativas, assistenciais e culturais, como através da figura da vida contemplativa. Por isso, deve-se encorajar nas novas Igrejas, de modo particular, a fundação de comunidades dedicadas à contemplação, uma vez que «a vida contemplativa pertence à plenitude da presença da Igreja».[195] É necessário, enfim, promover com meios adequados uma eqüitativa distribuição da vida consagrada em suas várias formas, para suscitar um novo impulso evan-

195. Conc. Ecum. Vat. II, Decr. sobre a atividade missionária da Igreja *Ad gentes,* 18; cf. João Paulo II, Carta enc. *Redemptoris missio* (7 de dezembro de 1990), 69: *AAS* 83 (1991), 317-318.

gelizador, quer pelo envio de missionários e missionárias, quer com a devida ajuda dos Institutos de vida consagrada às dioceses mais pobres.[196]

Anúncio de Cristo e inculturação

79.   O anúncio de Cristo «tem a prioridade permanente, na missão»[197] da Igreja, e visa a conversão, isto é, a adesão plena e sincera a Cristo e ao seu Evangelho.[198] No quadro da atividade missionária, entram também o processo de inculturação e o diálogo inter-religioso. O desafio da inculturação deve ser acolhido pelas pessoas consagradas como apelo a uma fecunda cooperação com a graça na aproximação às diversas culturas. Isto supõe séria preparação pessoal, dotes maduros de discernimento, fiel adesão aos critérios indispensáveis de ortodoxia doutrinal, autenticidade e comunhão eclesial.[199] Com o apoio do carisma dos fundadores e fundadoras, muitas pessoas consagradas souberam aproximar-se das diversas culturas, com a atitude de Jesus que «se despojou a si mesmo tomando a condição de servo» (Fl 2,7), e, com um paciente e audaz esforço de diálogo, esta-

196. Cf. *propositio* 38.
197. João Paulo II, Carta enc. *Redemptoris missio* (7 de dezembro de 1990), 44: *AAS* 83 (1991), 290.
198. Cf. *ibid.,* 46: *o.c.,* 292.
199. Cf. *ibid.,* 52-54: *o.c.,* 299-302.

beleceram contatos proveitosos com os povos mais diversos, a todos anunciando o caminho da salvação. Também hoje, muitas delas sabem procurar e encontrar, na história dos indivíduos e de povos inteiros, vestígios da presença de Deus, que guia toda a humanidade para o discernimento dos sinais da sua vontade redentora. E tal investigação revela-se vantajosa também para as próprias pessoas consagradas: na verdade, os valores descobertos nas diversas civilizações podem levá-las a aumentar o seu empenho de contemplação e oração, a praticar mais intensamente a partilha comunitária e a hospitalidade, a cultivar com maior diligência a atenção à pessoa e o respeito pela natureza.

Para uma autêntica inculturação, são necessárias atitudes semelhantes às do Senhor, quando, com amor e humildade, encarnou-se e veio habitar entre nós. Neste sentido, a vida consagrada torna as pessoas particularmente preparadas para enfrentar o processo complexo da inculturação, visto que as habitua ao desprendimento das coisas e até mesmo de muitos aspectos da própria cultura. Aplicando-se com estas atitudes ao estudo e à compreensão das culturas, os consagrados podem discernir melhor nelas os valores autênticos e o modo como acolhê-los e aperfeiçoá-los com o auxílio do próprio carisma.[200] No entanto, convém não esquecer que, em muitas culturas antigas, a expressão religiosa está tão profunda-

200. Cf. *propositio* 40, A.

mente arraigada que a religião representa muitas vezes a dimensão transcendente da cultura. Neste caso, uma verdadeira inculturação comporta necessariamente um sério e franco diálogo inter-religioso, que «não está em contraposição com a missão *ad gentes»,* nem «dispensa a evangelização».[201]

A inculturação da vida consagrada

80.   A vida consagrada, portadora por natureza de valores evangélicos, pode por sua vez oferecer, nos lugares onde é vivida com autenticidade, uma contribuição original para os desafios da inculturação. De fato, sendo um sinal do primado de Deus e do seu Reino, ela torna-se uma provocação que, no diálogo, pode despertar as consciências dos homens. Se a vida consagrada mantiver a força profética que lhe é própria, torna-se fermento evangélico dentro de uma cultura, capaz de a purificar e elevar. Isto mesmo o demonstra a história de numerosos santos e santas, que, em épocas diversas, souberam inserir-se no seu tempo, sem se deixar submergir, mas antes conseguindo apontar novos caminhos à sua geração. O

201. João Paulo II, Carta enc. *Redemptoris missio* (7 de dezembro de 1990), 55: *AAS* 83 (1991), 302; cf. Pontifício Conselho para o diálogo Inter-Religioso e Congregação para a Evangelização dos Povos, Instr. *Diálogo e anúncio. Reflexões e orientações* (19 de maio de 1991), 45-46: *AAS* 84 (1992), 429-430.

estilo de vida evangélico é uma fonte importante para a proposta de um novo modelo cultural. Quantos fundadores e fundadoras, tendo individuado algumas exigências do seu tempo, procuraram, com todas as limitações por eles mesmos reconhecidas, dar-lhes remédio com uma resposta que se tornou proposta cultural inovadora!

As comunidades dos Institutos religiosos e das Sociedades de Vida Apostólica podem, de fato, oferecer concretas e significativas propostas culturais, quando testemunham o modo evangélico de viver o acolhimento recíproco na diversidade e de exercer a autoridade, quando testemunham a partilha dos bens tanto materiais como espirituais, a universalidade, a colaboração intercongregacional, a escuta dos homens e mulheres do nosso tempo. Na verdade, o modo de pensar e agir de quem segue Cristo mais de perto dá origem a *uma verdadeira e própria cultura de referência,* faz evidenciar aquilo que é desumano, testemunha que só Deus dá aos valores vigor e plenitude. Uma autêntica inculturação ajudará, por sua vez, as pessoas consagradas a viverem o radicalismo evangélico, segundo o carisma do próprio Instituto e a índole do povo com que entram em contato. Deste fecundo relacionamento, brotam estilos de vida e métodos pastorais que poderão revelar-se uma autêntica riqueza para o Instituto inteiro, se forem coerentes com o carisma de fundação e com a ação unificadora do Espírito Santo. Uma garantia de reto caminho, neste processo feito de discernimento e audácia, de diálogo e provocação evangélica, é oferecida pela Santa Sé, à qual compete encorajar a evangelização das culturas, bem como autenticar os seus progressos e sancionar os seus êxitos em ordem à inculturação,[202] tarefa esta «delicada e difícil, porque está em causa a fidelidade da Igreja ao Evangelho e à Tradição Apostólica, na evolução constante das culturas».[203]

A nova evangelização

81. Para enfrentar adequadamente os grandes desafios que a história atual coloca à nova evangelização, faz falta, antes de mais, uma vida consagrada que se deixe interpelar continuamente pela Palavra revelada e pelos sinais dos tempos.[204] A recordação das grandes evangelizadoras e evangelizadores — antes tinham sido grandes evangelizados — revela que, para enfrentar o mundo de hoje, são necessárias pessoas dedicadas amorosamente ao Senhor e ao seu Evangelho. «As pessoas consagradas, pela sua voca-

202. Cf. *propositio* 40, B.

203. João Paulo II, Exort. ap. pós-sinodal *Ecclesia in Africa* (14 de setembro de 1995), 62: *L'Osservatore Romano* (ed. portuguesa: 16 de setembro de 1995), 13.

204. Cf. Paulo VI, Exort. ap. *Evangelii nuntiandi* (8 de dezembro de 1975), 15: *AAS* 68 (1976), 13-15.

ção específica, são chamadas a fazer emergir a unidade entre auto-evangelização e testemunho, entre renovação interior e ardor apostólico, entre ser e agir, evidenciando que o dinamismo provém sempre do primeiro elemento do binômio.[205]

A nova evangelização, como a evangelização de sempre, será eficaz se souber proclamar sobre os tetos aquilo que antes viveu na intimidade com o Senhor. Para tal, requerem-se personalidades sólidas, animadas pelo fervor dos santos. A nova evangelização exige nos consagrados e consagradas *plena consciência do sentido teológico dos desafios do nosso tempo*. Estes desafios deverão ser examinados, com discernimento atento e concorde, em ordem à renovação da missão. A coragem do anúncio do Senhor Jesus deve ser acompanhada pela confiança na ação da Providência que opera no mundo de tal modo que «tudo, mesmo as adversidades humanas, converge para o bem da Igreja».[206]

Elementos importantes para uma útil inserção dos Institutos no processo da nova evangelização são a fidelidade ao carisma de fundação, a comunhão com quantos na Igreja estão empenhados no mesmo empreendimento, especialmente com os Pastores, e a

205. SÍNODO DOS BISPOS - IX Assembléia geral ordinária, *Relatio ante disceptationem*, 22: *L'Osservatore Romano* (ed. portuguesa: 8 de outubro de 1994), 10.

206. JOÃO XXIII, Discurso na inauguração do Concílio Vaticano II (11 de outubro de 1962): *AAS* 54 (1962), 789.

cooperação com todos os homens de boa vontade. Isto exige um sério discernimento dos apelos que o Espírito dirige a cada Instituto, tanto nas regiões onde não se prevêem a curto prazo grandes progressos, como nas outras onde já se anuncia uma consoladora revitalização. Em cada lugar e situação, as pessoas consagradas sejam ardorosos anunciadores do Senhor Jesus, prontas a responder com a sabedoria evangélica às interpelações feitas hoje pela inquietude do coração humano e pelas suas urgentes necessidades.

A predileção pelos pobres e a promoção da justiça

82.   No início do seu ministério, na sinagoga de Nazaré, Jesus proclama que o Espírito o consagrou para levar aos pobres uma boa nova, para anunciar a libertação aos cativos, devolver a vista aos cegos, libertar os oprimidos e proclamar um ano de graça do Senhor (cf. Lc 4,16-19). A Igreja, assumindo como própria a missão do Senhor, anuncia o Evangelho a todo homem e mulher, preocupando-se pela sua salvação integral. Mas, com uma atenção especial, uma verdadeira «opção preferencial», ela dirige-se a quantos se encontram *em situação de maior debilidade* e, conseqüentemente, de maior necessidade. «Pobres», nas várias acepções da pobreza, são os oprimidos, os marginalizados, os idosos, os doentes, as crianças, todos aqueles que são considerados e tratados como «últimos» na sociedade.

A opção pelos pobres inscreve-se na própria dinâmica do amor, vivido segundo Jesus Cristo. Assim estão obrigados a ela todos os seus discípulos; mas aqueles que querem seguir o Senhor mais de perto, imitando as suas atitudes, não podem deixar de se sentirem implicados de modo absolutamente particular em tal opção. A sinceridade da sua resposta ao amor de Cristo leva-os a viver como pobres e a abraçar a causa dos pobres. Isto comporta para cada Instituto, de acordo com o seu carisma específico, *a adoção de um estilo de vida,* tanto pessoal como comunitário, *humilde e austero.* Apoiadas pela vivência deste testemunho, as pessoas consagradas poderão, nos modos adequados à sua opção de vida e permanecendo livres relativamente às ideologias políticas, denunciar as injustiças que são perpetradas contra tantos filhos e filhas de Deus, e empenhar-se na promoção da justiça no ambiente social onde atuam.[207] Deste modo, renovar-se-á também nas situações atuais, graças ao testemunho de inúmeras pessoas consagradas, aquela dedicação própria dos fundadores e fundadoras, que gastaram a sua vida a servir o Senhor, presente nos pobres. Na verdade, Cristo «encontra-se, na terra, na pessoa dos seus pobres (...). Enquanto Deus, é rico; enquanto homem, pobre. Com efeito, o próprio homem já rico subiu ao céu, está sentado à direita do Pai, mas aqui embaixo, pobre ainda agora, sofre a fome, a sede, a nudez».[208]

207. Cf. *propositio* 18.
208. S. Agostinho, *Sermo 123,* 3-4: *PL* 38, 685-686.

O Evangelho torna-se efetivo através da caridade, que é glória da Igreja e sinal da sua fidelidade ao Senhor. Demonstra-o toda a história da vida consagrada, que pode ser considerada como uma exegese viva da palavra de Jesus: «Sempre que fizestes isto a um destes meus irmãos mais pequeninos, a mim mesmo o fizestes» (Mt 25,40). Muitos Institutos, especialmente na idade moderna, nasceram precisamente para ir ao encontro das diversas necessidades dos pobres. Mas, mesmo quando tal finalidade não foi determinante, a atenção e a solicitude pelos indigentes, expressas mediante a oração, o acolhimento e a hospitalidade, sempre acompanharam naturalmente as várias formas de vida consagrada, inclusive a vida contemplativa. E como poderia ser de outra maneira, uma vez que o Senhor encontrado na contemplação é o mesmo que vive e sofre nos pobres? A história da vida consagrada é rica, neste sentido, de exemplos maravilhosos, por vezes geniais. S. Paulino de Nola, depois de ter distribuído os seus bens aos pobres para se consagrar a Deus, levantou as celas do seu mosteiro sobre um albergue destinado precisamente aos indigentes. Ele rejubilava ao pensar nesta singular «permuta de dons»: os pobres por ele assistidos consolidavam, com a sua oração, os próprios «alicerces» da sua casa, toda ela dedicada ao louvor de Deus.[209] S. Vicente de Paulo, por seu lado, gostava de dizer que, quando se tem de

209. Cf. *Poema* XXI, 386-394: *PL* 61, 587.

deixar a oração para ir prestar assistência a um pobre em necessidade, na realidade a oração não é interrompida, porque «se deixa Deus para ir estar com Deus».[210]

Servir os pobres é ato de evangelização e, ao mesmo tempo, sinal de fidelidade ao Evangelho e estímulo de conversão permanente para a vida consagrada, porque — como diz S. Gregório Magno — «quando a caridade se debruça amorosamente a prover mesmo às ínfimas necessidades do próximo, então é que se alteia até aos cumes mais elevados. E quando benignamente se inclina sobre as necessidades extremas, então mais vigorosamente retoma o vôo para as alturas».[211]

O cuidado dos doentes

83.   Seguindo uma gloriosa tradição, um grande número de pessoas consagradas, sobretudo mulheres, exercem o seu apostolado nos meios hospitalares, segundo o carisma do respectivo Instituto. Ao longo dos séculos, muitas foram as pessoas consagradas que *sacrificaram a sua vida* a serviço das vítimas de

210. Conférence «Sur les Règles» (30 de maio de 1647): *Corréspondance, Entretiens, Documents* (ed. Coste IX - Paris, 1923), 319.

211. *Regula pastoralis* 2, 5: *PL* 77, 33.

doenças contagiosas, mostrando que pertence à índole profética da vida consagrada a dedicação até ao heroísmo.

A Igreja olha com admiração e reconhecimento para tantas pessoas consagradas que, assistindo os doentes e atribulados, contribuem de modo significativo para a sua missão. Elas continuam o ministério de misericórdia de Cristo, que «passou (..) fazendo o bem e curando a todos» (At 10,38). Seguindo os passos dele, divino Samaritano, médico das almas e dos corpos,[212] e a exemplo dos respectivos fundadores e fundadoras, as pessoas consagradas, que a tal são encaminhadas pelo carisma do próprio Instituto, perseverem no seu testemunho de amor pelos enfermos, dedicando-se a eles com profunda compreensão e solidariedade. Nas suas opções, privilegiem os doentes mais pobres e abandonados, bem como os idosos, os inválidos, os marginalizados, os doentes em fase terminal, as vítimas da droga e das novas doenças contagiosas. Encorajem aos enfermos à oferta do próprio sofrimento em comunhão com Cristo crucificado e glorioso para a salvação de todos;[213] mais ainda, alimentem neles a consciência de serem, por meio da oração e do testemunho da palavra e da

212. Cf. João Paulo II, Carta ap. *Salvifici doloris* (11 de fevereiro de 1984), 28-30: *AAS* 76 (1984), 242-248.

213. Cf. *ibid.*, 18: *o.c.*, 221-224; Exort. ap. pós-sinodal *Christifideles laici* (30 de dezembro de 1988), 52-53: *AAS* 81 (1989), 496-500.

vida, *sujeitos ativos de pastoral* através do peculiar carisma da cruz.[214]

Além disso, a Igreja lembra aos consagrados e consagradas que faz parte da sua missão *evangelizar os meios hospitalares* onde trabalham, procurando iluminar, através da comunicação dos valores evangélicos, o modo de viver, sofrer e morrer dos homens do nosso tempo. É compromisso seu dedicarem-se à humanização da medicina e ao aprofundamento da bioética, a serviço do Evangelho da vida. Por isso, promovam sobretudo o respeito pela pessoa e pela vida humana desde a concepção até ao seu termo natural, em plena conformidade com o ensinamento moral da Igreja,[215] instituindo também centros de formação para tal fim[216] e colaborando fraternalmente com os organismos eclesiais da pastoral no campo da saúde.

---

214. Cf. João Paulo II, Exort. ap. pós-sinodal *Pastores dabo vobis* (25 de março de 1992), 77: *AAS* 84 (1992), 794-795.

215. Cf. João Paulo II, Carta enc. *Evangelium vitae* (25 de março de 1995), 78-101: *AAS* 87 (1995), 490-518.

216. Cf. *propositio* 43.

II. UM TESTEMUNHO PROFÉTICO
FACE AOS GRANDES DESAFIOS

O profetismo da vida consagrada

84.   O caráter profético da vida consagrada foi posto em grande relevo pelos Padres sinodais. Apresenta-se como *uma forma especial de participação na função profética de Cristo,* comunicada pelo Espírito a todo o Povo de Deus. De fato, o profetismo é inerente à vida consagrada enquanto tal, devido ao radicalismo do seguimento de Cristo e da conseqüente dedicação à missão que o caracteriza. A função de sinal, que o Concílio Vaticano II atribui à vida consagrada,[217] exprime-se no testemunho profético da primazia que Deus e os valores do Evangelho têm na vida cristã. Em virtude desta primazia, nada pode ser preferido ao amor pessoal por Cristo e pelos pobres, nos quais ele vive.[218]

A tradição patrística viu um modelo da vida religiosa monástica em Elias, profeta audaz e amigo de Deus.[219] Vivia na sua presença e contemplava no silêncio a sua passagem, intercedia pelo povo e pro-

217. Cf. Const. dogm. sobre a Igreja *Lumen gentium,* 44.

218. Cf. JOÃO PAULO II, Homilia na Missa de encerramento da IX Assembléia Geral Ordinária do Sínodo dos Bispos (29 de outubro de 1994), 3: *AAS* 87 (1995), 580.

219. Cf. S. ATANÁSIO, *Vida de Antão,* 7: *PG* 26, 854.

clamava com coragem a sua vontade, defendia os direitos de Deus e levantava-se em defesa dos pobres contra os poderosos do mundo (cf. 1Rs 18-19; 21). Na história da Igreja, juntamente com outros cristãos, não faltaram homens e mulheres consagrados a Deus que exerceram, por dom particular do Espírito, um autêntico ministério profético, falando em nome de Deus a todos, também aos Pastores da Igreja. *A verdadeira profecia nasce de Deus,* da amizade com ele, da escuta diligente da sua Palavra nas diversas circunstâncias da história. O profeta sente arder no coração a paixão pela santidade de Deus e, depois de ter acolhido a palavra no diálogo da oração, proclama-a com a vida, com os lábios e com os gestos, fazendo-se porta-voz de Deus contra o mal e o pecado. O testemunho profético requer a busca constante e apaixonada da vontade de Deus, uma comunhão eclesial generosa e imprescindível, o exercício do discernimento espiritual, o amor pela verdade. O referido testemunho exprime-se ainda mediante a denúncia do que é contrário à vontade divina e a busca de novos caminhos para atuar o Evangelho na história, na perspectiva do Reino de Deus.[220]

---

220. Cf. *propositio* 39, A.

A sua importância para o mundo contemporâneo

85.   No nosso mundo, onde freqüentemente parece terem-se perdido os vestígios de Deus, torna-se urgente um vigoroso testemunho profético por parte das pessoas consagradas. Tal testemunho versará, primeiramente, *sobre a afirmação da primazia de Deus e dos bens futuros,* como transparece do seguimento e imitação de Cristo casto, pobre e obediente, votado completamente à glória do Pai e ao amor dos irmãos e irmãs. A própria vida fraterna é já profecia em ato, numa sociedade que, às vezes sem se dar conta, anela profundamente por uma fraternidade sem fronteiras. Às pessoas consagradas é pedido que ofereçam o seu testemunho, com a ousadia do profeta que não tem medo de arriscar a própria vida.

Uma íntima força persuasiva da profecia vem-lhe da *coerência entre o anúncio e a vida. As* pessoas consagradas serão fiéis à sua missão na Igreja e no mundo, se forem capazes de se reverem continuamente a si próprias à luz da Palavra de Deus.[221] Poderão assim enriquecer os outros fiéis com os dons carismáticos recebidos, deixando-se por sua vez interpelar pelas provocações proféticas vindas dos outros elementos eclesiais. Nesta permuta de dons, garantida por uma *plena sintonia com o Magistério e a disciplina da Igreja,* resplandecerá a ação do Espíri-

221. Cf. *propositiones* 15, A; 39, C.

to, que «conduz [a Igreja] à verdade total e unifica-a na comunhão e no ministério, enriquece-a e guia-a com diversos dons hierárquicos e carismáticos».[222]

Uma fidelidade até o martírio

86.   Neste século, como em outras épocas da história, homens e mulheres consagrados testemunharam Cristo Senhor, *com o dom da própria vida.* Contam-se aos milhares aqueles que, escorraçados para as catacumbas pela perseguição de regimes totalitários ou de grupos violentos, hostilizados na atividade missionária, na ação em favor dos pobres, na assistência aos doentes e marginalizados, viveram, e vivem, a sua consagração num sofrimento prolongado e heróico, chegando muitas vezes até ao derramamento do próprio sangue, plenamente configurados com o Senhor crucificado. A alguns deles, a Igreja já reconheceu oficialmente a sua santidade, honrando-os como mártires de Cristo. Eles iluminam-nos com o seu exemplo, intercedem pela nossa fidelidade, esperam-nos na glória.

Deseja-se vivamente que a memória de tantas testemunhas da fé perdure na consciência da Igreja, como incentivo à sua celebração e imitação. Os Ins-

222. Conc. Ecum. Vat. II, Const. dogm. sobre a Igreja *Lumen gentium,* 4; cf. Decr. sobre o ministério e a vida dos sacerdotes *Presbyterorum ordinis,* 2.

titutos de vida consagrada e as Sociedades de Vida Apostólica contribuam para esta obra, *recolhendo os nomes e os testemunhos* de todas as pessoas consagradas que possam ser escritas no Martirológio do século XX.[223]

Os grandes desafios da vida consagrada

87.   A missão profética da vida consagrada vê-se provocada por *três desafios principais,* lançados à própria Igreja: são desafios de sempre, colocados sob formas novas e talvez mais radicais pela sociedade contemporânea, pelo menos em algumas partes do mundo. Tocam diretamente os conselhos evangélicos de castidade, pobreza e obediência, estimulando a Igreja, e de modo particular as pessoas consagradas, a pôr em evidência e testemunhar o seu *significado antropológico profundo.* Na verdade, a opção por estes conselhos, longe de constituir um empobrecimento de valores autenticamente humanos, revela-se antes como uma transfiguração dos mesmos. Os conselhos evangélicos não devem ser considerados como uma negação dos valores inerentes à sexualidade, ao legítimo desejo de usufruir de bens materiais, e de decidir autonomamente sobre si próprio.

223. Cf. *propositio* 53; João Paulo II, Carta ap. *Tertio millennio adveniente* (10 de novembro de 1994), 37: *AAS* 87 (1995), 29-30.

Estas inclinações, enquanto fundadas na natureza, são boas em si mesmas; mas a criatura humana, enfraquecida como está pelo pecado original, corre o risco de as exercitar de modo transgressivo. A profissão de castidade, pobreza e obediência torna-se uma admoestação a que não se subestimem as feridas causadas pelo pecado original, e, embora afirmando o valor dos bens criados, *relativiza*-os pelo simples fato de apontar Deus como o bem absoluto. Desta forma, aqueles que seguem os conselhos evangélicos, ao mesmo tempo que procuram a santidade para si mesmos, propõem, por assim dizer, uma «terapia espiritual» para a humanidade, porque recusam a idolatria da criatura e tornam de algum modo visível o Deus vivo. A vida consagrada, especialmente em tempos difíceis, é uma bênção para a vida humana e para a própria vida eclesial.

O desafio da castidade consagrada

88. A *primeira provocação* provém de uma *cultura hedonista* que separa a sexualidade de qualquer norma moral objetiva, reduzindo-a freqüentemente ao nível de objeto de diversão e consumo, e favorecendo, com a cumplicidade dos meios de comunicação social, uma espécie de idolatria do instinto. As conseqüências disto estão à vista de todos: prevaricações de todo gênero, geradoras de inúmeros sofri-

mentos psíquicos e morais para os indivíduos e as famílias. A *resposta* da vida consagrada está, antes de mais, na *prática alegre da castidade perfeita,* como testemunho da força do amor de Deus na fragilidade da condição humana. A pessoa consagrada atesta que aquilo que é visto como impossível pela maioria da gente, torna-se, com a graça do Senhor Jesus, possível e verdadeiramente libertador. Sim, em Cristo é possível amar a Deus com todo o coração, pondo-o acima de qualquer outro amor, e amar assim, com a liberdade de Deus, toda criatura! Este testemunho é hoje mais necessário que nunca, exatamente por ser tão pouco compreendido pelo nosso mundo. Ele é oferecido a todos — aos jovens, aos noivos, aos cônjuges, às famílias cristãs — para mostrar a todos que *a força do amor de Deus pode operar grandes coisas,* mesmo no âmbito das vicissitudes do amor humano. É um testemunho que vai de encontro também a uma necessidade crescente de transparência interior nas relações humanas.

É preciso que a vida consagrada apresente ao mundo de hoje exemplos de uma castidade vivida por homens e mulheres que demonstram equilíbrio, domínio de si, espírito de iniciativa, maturidade psicológica e afetiva.[224] Graças a este testemunho, é oferecido ao amor humano um ponto de referência seguro, que a pessoa consagrada encontra na con-

224. Cf. Conc. Ecum. Vat. II, Decr. sobre a renovação da vida religiosa *Perfectae caritatis,* 12.

templação do amor trinitário, que nos foi revelado em Cristo. Precisamente porque imersa neste mistério, ela sente-se capaz de um amor radical e universal, que lhe dá a força para o domínio de si e a disciplina necessária para não cair na escravidão dos sentidos e dos instintos. A castidade consagrada apresenta-se assim como experiência de alegria e de liberdade. Iluminada pela fé no Senhor ressuscitado e pela esperança dos novos céus e da nova terra (cf. Ap 21,1), ela oferece também preciosos estímulos para a educação da castidade obrigatória nos outros estados de vida.

O desafio da pobreza

89.   *Outra provocação* vem, hoje, de um *materialismo ávido de riqueza,* sem qualquer atenção pelas exigências e sofrimentos dos mais fracos, nem consideração pelo próprio equilíbrio dos recursos naturais. A *resposta* da vida consagrada é dada pela profissão da *pobreza evangélica,* vivida sob diversas formas e acompanhada muitas vezes por um empenho ativo na promoção da solidariedade e da caridade.

Quantos Institutos se dedicam à educação, à instrução e à formação profissional, habilitando jovens e menos jovens a tornarem-se protagonistas do seu futuro! Quantas pessoas consagradas gastam todas as suas energias em favor dos últimos da terra!

Quantas delas se dedicam à formação de futuros educadores e responsáveis da vida social, capazes de se empenharem, por sua vez, para eliminar as estruturas opressoras e promover projetos de solidariedade em benefício dos pobres! Elas lutam para debelar a fome e as suas causas, animam as atividades do voluntariado e as organizações humanitárias, sensibilizam organismos públicos e privados para favorecerem uma equitativa distribuição das ajudas internacionais. As nações devem verdadeiramente muito a estes dinâmicos agentes da caridade, que, pela sua incansável generosidade, deram e continuam dando uma sensível contribuição para a humanização do mundo.

A pobreza evangélica a serviço dos pobres

90.   Na verdade, *a pobreza evangélica,* ainda antes de ser um serviço em favor dos pobres, *é um valor em si mesma,* enquanto faz lembrar a primeira das bem-aventuranças na imitação de Cristo pobre.[225] Com efeito, o seu primeiro significado é testemunhar Deus como verdadeira riqueza do coração humano. Mas, por isso mesmo, ela contesta vigorosamente a idolatria do dinheiro, propondo-se como apelo profético lançado a uma sociedade que, em tantos lugares do mundo abastado, se arrisca a perder o

225. Cf. *propositio* 18, A.

sentido da medida e o próprio significado das coisas. Por isso hoje, mais do que em outras épocas, a sua solicitação é ouvida com agrado inclusive por aqueles que, cientes do caráter limitado dos recursos da terra, pedem o respeito e a salvaguarda da criação, mediante a redução do consumo, a sobriedade, a imposição de um freio obrigatório aos próprios desejos.

Deste modo, às pessoas consagradas é pedido um renovado e vigoroso testemunho evangélico de abnegação e sobriedade, num estilo de vida fraterna inspirada por critérios de simplicidade e de hospitalidade, como exemplo mesmo para quantos permanecem indiferentes perante as necessidades do próximo. Tal testemunho deve ser naturalmente acompanhado *pelo amor preferencial pelos pobres* e manifestar-se-á, de modo especial, na partilha das condições de vida dos mais desfavorecidos. Diversas são as comunidades que vivem e operam entre os pobres e marginalizados, abraçam a sua condição e partilham os seus sofrimentos, problemas e perigos.

Exímias páginas de história de solidariedade evangélica e de dedicação heróica foram escritas por pessoas consagradas, nestes anos de profundas mudanças e de grandes injustiças, de esperanças e desilusões, de importantes conquistas, mas também de amargas derrotas. E páginas igualmente significativas foram e continuam sendo ainda escritas por muitas outras pessoas consagradas, que vivem em plenitude a sua vida «escondida com Cristo em Deus»

(Cl 3,3) pela salvação do mundo, sob o lema da gratuidade, do investimento da própria vida em causas pouco reconhecidas e menos ainda aplaudidas. Através destas formas diversas e complementares, a vida consagrada participa da pobreza extrema abraçada pelo Senhor e vive a sua função específica no mistério salvífico da sua encarnação e da sua morte redentora.[226]

O desafio da liberdade na obediência

91. *A terceira provocação* provém daquelas *concepções da liberdade* que subtraem esta fundamental prerrogativa humana à sua relação constitutiva com a verdade e com a norma moral.[227] Na realidade, a cultura da liberdade é um valor autêntico, ligado intimamente ao respeito da pessoa humana. Mas quem não vê as conseqüências monstruosas de injustiça e mesmo de violência, geradas na vida dos indivíduos e dos povos pelo uso deturpado da liberdade?

Uma *resposta* eficaz a tal situação é a *obediência que caracteriza a vida consagrada*. Esta apresenta de modo particularmente vivo a obediência de Cristo ao Pai e, partindo exatamente do seu mistério,

226. Cf. Conc. Ecum. Vat. II, Decr. sobre a renovação da vida religiosa *Perfectae caritatis,* 13.

227. Cf. João Paulo II, Carta enc. *Veritatis splendor* (6 de agosto de 1993), 31-35: *AAS* 85 (1993), 1158-1162.

testemunha que *não há contradição entre obediência e liberdade*. Com efeito, o comportamento do Filho desvenda o mistério da liberdade humana, como um caminho de obediência à vontade do Pai, e o mistério da obediência, como um caminho de progressiva conquista da verdadeira liberdade. É precisamente este mistério que a pessoa consagrada quer exprimir com este voto concreto. Com ele, deseja dar testemunho da sua consciência de um relacionamento de filiação, em virtude do qual assume a vontade paterna como alimento diário (cf. Jo 4,34), como sua rocha, alegria, escudo e baluarte (cf. Sl 18/17,3). Demonstra assim que cresce na verdade plena de si mesma, quando permanece ligada à fonte da sua existência, e deste modo oferece uma mensagem repleta de consolação: «Gozam de grande paz os que amam a vossa lei, para eles não existe perturbação» (Sl 119/118,165).

Cumprir juntos a vontade do Pai

92.   Este testemunho das pessoas consagradas assume, na vida religiosa, um significado particular também *por causa da dimensão comunitária* que a caracteriza. A vida fraterna é o lugar privilegiado para discernir e acolher a vontade de Deus e caminhar juntos em união de mente e coração. A obediência, vivificada pela caridade, unifica os membros

de um Instituto no mesmo testemunho e na mesma missão, embora na diversidade dos dons e no respeito da individualidade própria de cada um. Na fraternidade animada pelo Espírito Santo, cada qual estabelece com o outro um diálogo precioso para descobrir a vontade do Pai, e todos reconhecem em quem preside a expressão da paternidade divina e o exercício da autoridade recebida de Deus a serviço do discernimento e da comunhão.[228]

De modo particular, a vida de comunidade é o sinal, para a Igreja e para a sociedade, daquele laço que provém de um chamado igual e da vontade comum de lhe obedecer, para além de qualquer diversidade de raça e de origem, de língua e de cultura. Contra o espírito de discórdia e de divisão, a autoridade e a obediência resplandecem como um sinal daquela única paternidade que vem de Deus, da fraternidade nascida do Espírito, da liberdade interior de quem se fia de Deus, não obstante os limites humanos daqueles que o representam. Através desta obediência, por alguns assumida como regra de vida, é experimentada e anunciada, em benefício de todos, a bem-aventurança prometida por Jesus a quantos «escutam a Palavra de Deus e a põem em prática» (Lc 11,28). Além disso, quem obedece tem a garantia de estar verdadeiramente em missão no seguimento do Senhor, e não ao sabor dos desejos pesso-

---

228. Cf. *propositio* 19, A; CONC. ECUM. VAT. II, Decr. sobre a renovação da vida religiosa *Perfectae caritatis*, 14.

ais ou das próprias aspirações. E, assim, é possível considerar-se guiado pelo Espírito do Senhor e sustentado, mesmo no meio de grandes dificuldades, por sua mão segura (cf. At 20,22s).

Um compromisso decidido de vida espiritual

93.   Uma das preocupações mais vezes manifestada no Sínodo foi a de uma vida consagrada que se alimente *nas fontes de uma espiritualidade sólida e profunda*. Trata-se de uma exigência prioritária, inscrita na própria essência da vida consagrada, uma vez que, como qualquer outro batizado, antes por motivos ainda mais prementes, quem professa os conselhos evangélicos é obrigado a tender com todas as suas forças à perfeição da caridade.[229] Este é um compromisso intensamente lembrado pelos inumeráveis exemplos de santos fundadores e fundadoras e de tantas pessoas consagradas, que testemunharam a sua fidelidade a Cristo até ao martírio.

Tender à santidade: eis em síntese o programa de cada vida consagrada, na perspectiva nomeadamente da sua renovação às portas do terceiro milênio. O ponto de partida do programa está no deixar tudo por Cristo (cf. Mt 4,18-22; 19,21.27; Lc 5,1), preferindo a sua Pessoa a tudo mais, para poder participar plenamente no mistério pascal.

229. Cf. *propositio* 15.

Bem o compreendera S. Paulo que exclamava: «Tudo eu considero perda, pela excelência do conhecimento de Cristo Jesus (...). Assim poderei conhecê-lo, a ele, e conhecer o poder da sua ressurreição» (Fl 3,8.10). É o caminho indicado desde o início pelos Apóstolos, como recorda a tradição cristã tanto do Oriente como do Ocidente: «Aqueles que atualmente seguem Jesus, abandonando tudo por ele, evocam os Apóstolos que, respondendo ao seu convite, renunciaram a todo o resto. Por isso, tradicionalmente é costume designá-la como *apostolica vavendi forma*».[230] A tradição pôs também em evidência, na vida consagrada, a dimensão da sua peculiar aliança com Deus, melhor, da aliança esponsal com Cristo, de que foi mestre S. Paulo, com o seu exemplo (cf. 1Cor 7,7) e com o seu ensinamento, proposto sob a guia do Espírito (cf. 1Cor 7,40).

Podemos dizer que a vida espiritual, considerada como vida em Cristo, vida segundo o Espírito, se apresenta como um itinerário de crescente fidelidade, onde a pessoa consagrada é guiada pelo Espírito e por ele configurada com Cristo, em plena comunhão de amor e de serviço na Igreja.

Todos estes elementos, inseridos nas várias formas de vida consagrada, geram *uma espiritualidade peculiar,* isto é, um projeto concreto de relaciona-

---

230. JOÃO PAULO II, Discurso na Audiência Geral (8 de fevereiro de 1995), 2: *L'Osservatore Romano* (ed. portuguesa: 11 de fevereiro de 1995), 8.

mento com Deus e com o meio circundante, caracterizado por modulações espirituais particulares e opções de ação que colocam em evidência e repropõem ora um aspecto ora outro do único mistério de Cristo. Quando a Igreja reconhece uma forma de vida consagrada ou um Instituto, garante que, no seu carisma espiritual e apostólico, se encontram todos os requisitos objetivos para alcançar a perfeição evangélica pessoal e comunitária.

Portanto, a vida espiritual deve ocupar o primeiro lugar no programa das Famílias de vida consagrada, de tal modo que cada Instituto e cada comunidade se apresentem como escolas de verdadeira espiritualidade evangélica. Desta opção prioritária, desenvolvida no compromisso pessoal e comunitário, depende a fecundidade apostólica, a generosidade no amor pelos pobres, a própria atração vocacional sobre as novas gerações. É precisamente *a qualidade espiritual da vida consagrada* que pode interpelar as pessoas do nosso tempo, também elas sequiosas de valores infinitos, transformando-se assim num testemunho fascinante.

À escuta da Palavra de Deus

94.   *A* Palavra de Deus é a primeira fonte de toda a vida espiritual cristã. Ela sustenta um relacionamento pessoal com o Deus vivo e com a sua vontade

salvífica e santificadora. Por isso é que a *lectio divina,* desde o nascimento dos Institutos de vida consagrada, de modo particular no monaquismo, foi tida na mais alta consideração. Por meio dela, a Palavra de Deus é transferida para a vida, projetando sobre esta a luz da sabedoria, que é dom do Espírito. Embora toda a Sagrada Escritura seja «útil para ensinar» (2Tm 3,16) e «fonte pura e perene da vida espiritual»,[231] merecem particular veneração os escritos do Novo Testamento, sobretudo os Evangelhos, que são «o coração de todas as Escrituras».[232] Por isso, será de grande proveito para as pessoas consagradas fazerem objeto de assídua meditação os textos evangélicos e os outros escritos neo-testamentários, que ilustram as palavras e os exemplos de Cristo e da Virgem Maria, e a *apostolica vivendi forma.* A eles se referiram constantemente os fundadores e fundadoras, no acolhimento da vocação e no discernimento do carisma e da missão do próprio Instituto.

De grande valor é a meditação *comunitária* da Bíblia. Realizada na medida das possibilidades e circunstâncias da vida de comunidade, ela leva à partilha feliz das riquezas encontradas na Palavra de Deus, mercê das quais irmãos e irmãs crescem juntos e se

---

231. Conc. Ecum. Vat. II, Const. dogm. sobre a revelação divina *Dei Verbum,* 21; cf. Decr. sobre a renovação da vida religiosa *Perfectae caritatis,* 6.

232. *Catecismo da Igreja Católica,* 125; cf. Conc. Ecum. Vat. II, Const. dogm. sobre a revelação divina *Dei Verbum,* 18.

ajudam a progredir na vida espiritual. Convém mesmo que tal prática seja proposta aos outros membros do Povo de Deus, sacerdotes e leigos, promovendo, nos moldes adequados ao próprio carisma, escolas de oração, de espiritualidade e de leitura orante da Escritura, na qual Deus «fala aos homens como amigos (cf. Ex 33,11; Jo 15,14-15) e convive com eles (cf. Br 3,38), para os convidar e admitir à comunhão com ele».[233]

Como ensina a tradição espiritual, da meditação da Palavra de Deus e, em particular, dos mistérios de Cristo nasce a intensidade da contemplação e o ardor da ação apostólica. Quer na vida religiosa contemplativa quer na apostólica, sempre foram homens e mulheres de oração que realizaram, como intérpretes e executores da vontade de Deus, grandes obras. Da sua convivência com a Palavra de Deus, obtiveram a luz necessária para aquele discernimento individual e comunitário que os ajudou a procurar, nos sinais dos tempos, os caminhos do Senhor. Adquiriram assim *uma espécie de instinto sobrenatural,* que lhes permitiu não se conformarem com a mentalidade deste mundo, mas renovarem a própria mente para poder discernir a vontade de Deus, aquilo que é bom, o que lhe é agradável e perfeito (cf. Rm 12,2).

---

233. Conc. Ecum. Vat. II, Const. dogm. sobre a revelação divina *Dei Verbum,* 2.

Em comunhão com Cristo

95. Meio fundamental para alimentar eficazmente a comunhão com o Senhor é, sem dúvida, *a liturgia sagrada,* de modo especial a Celebração Eucarística e a Liturgia das Horas.

Em primeiro lugar, a *Eucaristia,* onde «está contido todo o tesouro espiritual da Igreja, isto é, o próprio Cristo, a nossa Páscoa e o pão vivo que dá aos homens a vida mediante a sua carne vivificada e vivificadora pelo Espírito Santo».[234] Coração da vida eclesial, a Eucaristia o é também da vida consagrada. A pessoa chamada, pela profissão dos conselhos evangélicos, a escolher Cristo como sentido único da sua existência, como poderia não desejar instaurar com ele uma comunhão cada vez mais profunda por meio da participação diária no Sacramento que o torna presente, no sacrifício que atualiza o seu dom de amor do Gólgota, no banquete que alimenta e sustenta o Povo de Deus peregrino? A Eucaristia, por sua natureza, está no centro da vida consagrada, pessoal e comunitária. É viático cotidiano e fonte da espiritualidade do indivíduo e do Instituto. Nela, cada consagrado é chamado a viver o mistério pascal de Cristo, unindo-se com ele na oferta da própria vida ao Pai, por meio do Espírito. A adoração assídua e prolongada de Cristo presente na Eucaristia permite,

---

234. CONC. ECUM. VAT. II, Decr. sobre o ministério e a vida dos sacerdotes *Presbyterorum ordinis,* 5.

de algum modo, reviver a experiência de Pedro na Transfiguração: «É bom estarmos aqui!». E na celebração do mistério do Corpo e do Sangue do Senhor se consolida e incrementa a unidade e a caridade daqueles que consagraram a Deus a sua existência.

A par da Eucaristia e em íntima relação com ela, a *Liturgia das Horas,* celebrada comunitária ou pessoalmente segundo a índole de cada Instituto, em comunhão com a oração da Igreja, exprime a vocação ao louvor e à intercessão, que é própria das pessoas consagradas.

Também tem uma relação profunda com a Eucaristia o esforço de conversão contínua e de necessária purificação que as pessoas consagradas realizam no *sacramento da Reconciliação.* Por meio do encontro freqüente com a misericórdia de Deus, elas purificam e renovam o seu coração e, através do humilde reconhecimento dos pecados, tornam transparente a própria ligação com ele; a experiência feliz do perdão sacramental, no caminho partilhado com os irmãos e as irmãs, torna o coração dócil e estimula o empenho por uma crescente fidelidade.

Serve de grande apoio para progredir no caminho evangélico, especialmente no período de formação e em certos momentos da vida, o recurso confiante e humilde à *direção espiritual,* graças à qual a pessoa é ajudada a responder às moções do Espírito com generosidade e a orientar-se decididamente para a santidade.

Exorto, enfim, todas as pessoas consagradas, segundo as próprias tradições, a renovarem diariamente a sua união espiritual com a Virgem Maria, repassando com ela os mistérios do Filho, particularmente pela oração do *terço*.

III. ALGUNS AREÓPAGOS DA MISSÃO

Presença no mundo da educação

96.   A Igreja sempre sentiu que *a educação é um elemento essencial da sua missão.* O seu Mestre interior é o Espírito Santo, que penetra as profundidades mais recônditas do coração de cada homem e conhece o dinamismo secreto da história. Toda a Igreja é animada pelo Espírito e com ele desempenha a sua ação educativa. No âmbito da Igreja, todavia, uma tarefa específica neste campo compete às pessoas consagradas, que são chamadas a introduzir no horizonte educacional o testemunho radical dos bens do Reino, propostos a todo homem enquanto aguarda o encontro definitivo com o Senhor da história. Pela sua especial consagração, pela peculiar experiência dos dons do Espírito, pela escuta assídua da Palavra e o exercício do discernimento, pelo rico patrimônio de tradições educativas acumulado ao longo da história pelo próprio Instituto, pelo conhecimento profundo da verdade espiritual (cf. Ef 1,17),

as pessoas consagradas são capazes de desenvolver uma ação educativa particularmente eficaz, oferecendo uma contribuição específica para as iniciativas dos outros educadores e educadoras.

Dotadas deste carisma, elas podem dar vida a ambientes educativos permeados pelo espírito evangélico de liberdade e de caridade, onde os jovens sejam ajudados a crescer em humanidade, sob a guia do Espírito.[235] Deste modo, a comunidade educativa torna-se experiência de comunhão e lugar de graça, onde o projeto pedagógico contribui para unir, numa síntese harmoniosa, o divino e o humano, o Evangelho e a cultura, a fé e a vida.

A história da Igreja, desde a antiguidade até os nossos dias, é rica de exemplos admiráveis de pessoas consagradas que viveram e vivem a tensão para a santidade através do empenho pedagógico, propondo contemporaneamente a santidade como meta educativa. De fato, muitas delas, educando, realizaram a perfeição da caridade. Este é um dos dons mais preciosos que as pessoas consagradas podem oferecer também hoje à juventude, fazendo-a objeto de um serviço pedagógico rico de amor, segundo a sábia advertência de S. João Bosco: «Não basta aos jovens serem amados, precisam também reconhecerem que o são».[236]

235. Cf. Conc. Ecum. Vat. II, Decl. sobre a educação cristã *Gravissimum educationis*, 8.

236. *Escritos pedagógicos e espirituais* (Roma 1987), 294.

Necessidade de renovado empenho
no campo educativo

97.   Os consagrados e consagradas manifestem, com delicado respeito e também com coragem missionária, que a fé em Jesus Cristo ilumina todo o campo da educação, não prejudicando, mas antes corroborando e elevando os próprios valores humanos. Deste modo, tornam-se testemunhas e instrumentos do poder da Encarnação e da força do Espírito. Esta sua tarefa é uma das expressões mais significativas daquela maternidade que a Igreja, à imagem de Maria, realiza para com todos os seus filhos.[237]

Por isso, é que o Sínodo exortou instantemente as pessoas consagradas a retomarem com novo empenho, nos lugares onde for possível, a missão da educação com escolas de todo tipo e grau, Universidades e Institutos Superiores.[238] Assumindo esta indicação sinodal, convido calorosamente os membros dos Institutos dedicados à educação a serem fiéis ao seu carisma originário e às suas tradições, cientes de que o amor preferencial pelos pobres encontra uma das suas aplicações particulares na escolha dos meios mais aptos para libertar os homens daquela grave forma de miséria que é a falta de formação cultural e religiosa.

237. Cf. João Paulo II, Const. ap. *Sapientia Chistiana* (15 de abril de 1979), II: *AAS* 71 (1979), 471.
238. Cf. *propositio* 41.

Dada a importância que as Universidades e as Faculdades católicas e eclesiásticas assumem no campo da educação e da evangelização, os Institutos que possuem a sua direção estejam cientes da sua responsabilidade, fazendo com que nelas, ao mesmo tempo que se dialoga ativamente com o contexto cultural atual, se conserve a peculiar índole católica, na plena fidelidade ao Magistério da Igreja. Além disso, conforme as circunstâncias, os membros destes Institutos e Sociedades mostrem-se prontos a entrar nas estruturas educativas estatais. A este tipo de intervenção, são particularmente chamados, devido à sua específica vocação, os membros dos Institutos seculares.

Evangelizar a cultura

98.   Os Institutos de vida consagrada tiveram sempre uma grande influência na formação e na transmissão da cultura. Aconteceu isto na Idade Média, quando os mosteiros se tornaram lugares de acesso às riquezas culturais do passado e de elaboração de uma nova cultura humanista e cristã. Isso verificou-se todas as vezes que a luz do Evangelho alcançou novos povos. Muitas pessoas consagradas promoveram a cultura, e freqüentemente examinaram e defenderam as culturas autóctones. A necessidade de contribuir para a promoção da cultura, para o diálo-

go entre a cultura e a fé, é hoje sentida, na Igreja, de modo absolutamente particular.[239]

Os consagrados não podem deixar de se sentirem interpelados por esta urgência. Também eles são chamados, no anúncio da Palavra de Deus, a individuar métodos mais apropriados às exigências dos diversos grupos humanos e dos vários âmbitos profissionais, para que a luz de Cristo penetre em cada setor humano e o fermento da salvação transforme a partir de dentro a vida social, favorecendo a consolidação de uma cultura permeada pelos valores evangélicos.[240] Também através de tal empenho, no limiar do terceiro milênio cristão, a vida consagrada poderá renovar a sua conformidade com os desígnios de Deus, que vem ao encontro de todas as pessoas que andam, consciente ou inconscientemente, por assim dizer, tateando à procura da Verdade e da Vida (cf. At 17,27).

Mas, para além do serviço prestado aos outros, também no seio da vida consagrada há necessidade de um *renovado amor pelo empenho cultural,* de dedicação ao estudo como meio para a formação integral e como percurso ascético, extraordinariamente atual, frente à diversidade das culturas. A diminuição do empenho pelo estudo pode ter pesadas conseqüências mesmo no apostolado, gerando um sentido

239. Cf. João Paulo II, Const. ap. *Sapientia christiana* (15 de abril de 1979), II: *AAS* 71 (1979), 470.

240. Cf. *propositio* 36.

de marginalização e de inferioridade ou favorecendo superficialidade e imprudência nas iniciativas.

Na diversidade dos carismas e das reais possibilidades dos diversos Institutos, o empenho do estudo não se pode reduzir à formação inicial ou à consecução de títulos acadêmicos e de habilitações profissionais. Mas é sobretudo expressão do desejo insaciável de conhecer mais profundamente a Deus, abismo de luz e fonte de toda a verdade humana. Por isso, tal empenho não isola a pessoa consagrada num intelectualismo abstrato, nem a fecha nas espirais de um narcisismo sufocante; pelo contrário, é incitamento ao diálogo e à partilha, é formação da capacidade de discernimento, é estímulo à contemplação e à oração, na busca incessante de Deus e da sua ação na complexa realidade do mundo contemporâneo.

A pessoa consagrada, deixando-se transformar pelo Espírito Santo, torna-se capaz de ampliar os horizontes dos limitados desejos humanos e, ao mesmo tempo, captar as dimensões profundas de cada indivíduo e sua história por detrás dos aspectos mais vistosos, mas tantas vezes marginais. Inumeráveis são hoje os campos donde emergem desafios nas várias culturas: âmbitos novos ou já tradicionalmente palmilhados pela vida consagrada, com os quais é urgente manter fecundas relações, numa atitude de prudente sentido crítico, mas também de atenção e confiança para com aquele que enfrenta as dificuldades típicas do trabalho intelectual, especialmente quando, em presença de problemas inéditos do nosso tempo, é preciso tentar análises e sínteses novas.[241] Uma evangelização séria e válida dos novos âmbitos, onde se elabora e transmite a cultura, não pode ser operada sem uma ativa colaboração com os leigos lá empenhados.

Presença no mundo da comunicação social

99. Assim como no passado as pessoas consagradas souberam, com os meios mais diversos, pôr-se a serviço da evangelização, enfrentando genialmente as dificuldades, também hoje são interpeladas novamente pela exigência de testemunhar o Evangelho, através dos meios de comunicação social. Estes meios alcançaram uma capacidade de irradiação mundial, graças a tecnologias potentíssimas capazes de atingir qualquer ângulo da terra. As pessoas consagradas, sobretudo quando operam neste campo por carisma institucional, devem adquirir um conhecimento sério da linguagem própria destes meios, para falar eficazmente de Cristo ao homem de hoje, interpretando «as alegrias e as esperanças, as tristezas e as angústias»[242] dele, e contribuir assim para a edifi-

241. Cf. Conc. Ecum. Vat. II, Const. past. sobre a Igreja no mundo contemporâneo *Gaudium et spes,* 5.

242. *Ibid.,* 1.

cação de uma sociedade onde todos se sintam irmãos e irmãs a caminho de Deus.

É preciso, todavia, estar vigilantes contra o uso deformado destes meios, devido ao poder extraordinário de persuasão de que dispõem. Não se devem ignorar os problemas que daí podem derivar para a própria vida consagrada, mas sim enfrentá-los com um lúcido discernimento.[243] A resposta da Igreja é sobretudo de ordem educativa: visa promover um comportamento de justa compreensão dos dinamismos subjacentes, uma cuidadosa avaliação ética dos programas, e ainda a adoção de hábitos sadios no seu aproveitamento.[244] Neste âmbito educativo tendente a formar receptores sensatos e comunicadores especializados, as pessoas consagradas são chamadas a oferecer o seu particular testemunho sobre a relatividade de todas as realidades visíveis, ajudando os irmãos a valorizá-las segundo o desígnio de Deus, mas também a libertarem-se da dependência obsessiva da figura deste mundo que passa (cf. 1Cor 7,31).

Todo esforço neste novo e importante campo apostólico há-de ser encorajado, para que o Evange-

---

243. CF. CONGREGAÇÃO PARA OS INSTITUTOS DE VIDA CONSAGRADA E AS SOCIEDADE DE VIDA APOSTÓLICA, Instr. sobre a vida fraterna em comunidade *Congregavit nos in unum Christi amor* (2 de fevereiro de 1994), 34: *L'Osservatore Romano* (ed. portuguesa: 12 de março de 1994), 12.

244. Cf. JOÃO PAULO II, Mensagem para o XXVIII Dia Mundial das Comunicações Sociais (24 de janeiro de 1994): *L'Osservatore Romano* (ed. portuguesa: 5 de fevereiro de 1994), 3.

lho de Cristo ressoe também através destes meios modernos. Os vários Institutos estejam prontos a colaborar, com a contribuição de forças — meios e pessoas —, para realizar projetos comuns nos vários setores da comunicação social. Além disso, quando surgirem oportunidades pastorais, as pessoas consagradas, especialmente os membros dos Institutos seculares, prestem de boa vontade o seu serviço para a formação religiosa dos responsáveis e operadores da comunicação social, pública ou privada, a fim de que, por um lado, se evitem os danos provocados pelo uso viciado de tais meios e, por outro, seja promovida uma qualidade superior das transmissões, com mensagens respeitadoras da lei moral e ricas de valores humanos e cristãos.

IV. EMPENHADOS NO DIÁLOGO COM TODOS

A serviço da unidade dos cristãos

100.   A oração dirigida por Cristo ao Pai, antes da Paixão, para que os seus discípulos permanecessem na unidade (cf. Jo 17,21-23), perdura na oração e na ação da Igreja. Como poderiam deixar de se sentir implicados nela os chamados à vida consagrada? A ferida da desunião, ainda existente entre os crentes em Cristo, e a urgência de rezar e trabalhar para promover a unidade de todos os cristãos foram parti-

cularmente sentidas no Sínodo. A sensibilidade ecumênica dos consagrados e consagradas é reavivada também pela certeza de que em outras Igrejas e Comunidades eclesiais se conserva e floresce o monaquismo, como no caso das Igrejas orientais, ou se renova a profissão dos conselhos evangélicos, como na Comunhão anglicana e nas Comunidades da Reforma.

O Sínodo pôs em evidência o laço profundo da vida consagrada com a causa do ecumenismo e a urgência de um testemunho mais intenso neste campo. Na verdade, se a alma do ecumenismo é a oração e a conversão,[245] não há dúvida que os Institutos de vida consagrada e as Sociedades de Vida Apostólica têm uma particular obrigação de cultivar este empenho. Por isso, é urgente abrir, na vida das pessoas consagradas, espaços maiores à oração ecumênica e a um testemunho autenticamente evangélico, para que se possam abater, com a força do Espírito Santo, os muros das divisões e dos preconceitos entre os cristãos.

Formas de diálogo ecumênico

101.   A partilha da *lectio divina* na busca da verdade, a participação na oração comum, na qual o Senhor garante a sua presença (cf. Mt 18,20), o diálogo

245. Cf. João Paulo II, Carta enc. *Ut unum sint* (25 de maio de 1995), 21: *AAS* 87 (1995), 934.

da amizade e da caridade que faz sentir como é agradável viverem unidos os irmãos (cf. Sl 133/132), a hospitalidade cordial praticada para com os irmãos e irmãs das diversas confissões cristãs, o conhecimento recíproco e a permuta dos dons, a colaboração em iniciativas comuns de serviço e de testemunho, são diversas formas de diálogo ecumênico, expressões agradáveis ao Pai comum e sinais da vontade de caminhar juntos para a unidade perfeita, pela senda da verdade e do amor.[246] Igualmente o conhecimento da história, doutrina, liturgia, atividade caritativa e apostólica dos outros cristãos, não deixará de ser útil para uma ação ecumênica cada vez mais incisiva.[247]

Quero encorajar aqueles Institutos que, por índole original ou por vocação sucessiva, se dedicam à promoção da unidade dos cristãos e, para a consecução da mesma, cultivam iniciativas de estudo e de ação concreta. Na realidade, nenhum Instituto de vida consagrada se deve sentir dispensado de trabalhar por esta causa. Dirijo ainda o meu pensamento às Igrejas orientais católicas, almejando que elas possam, nomeadamente através do monaquismo masculino e feminino, cuja graça do florescimento deve ser implorada constantemente, colaborar para a unidade com as Igrejas ortodoxas, mercê do diálogo da caridade e da partilha da espiritualidade comum, patrimônio da Igreja indivisa do primeiro milênio.

246. Cf. *ibid.,* 28: *o.c.,* 938-939.
247. Cf. *propositio* 45.

Confio de modo particular o ecumenismo espiritual da oração, da conversão do coração, e da caridade aos mosteiros de vida contemplativa. Com esta finalidade, encorajo a sua presença nos lugares onde vivem comunidades cristãs de várias confissões, a fim de que a sua dedicação total à «única coisa necessária» (cf. Lc 10,42), ao culto de Deus e à intercessão pela salvação do mundo, juntamente com o seu testemunho de vida evangélica, segundo os próprios carismas, seja para todos um estímulo a viverem, à imagem da Trindade, naquela unidade que Jesus quis e pediu ao Pai para todos os seus discípulos.

O diálogo inter-religioso

102. Uma vez que «o diálogo inter-religioso faz parte da missão evangelizadora da Igreja,[248] os Institutos de vida consagrada não podem eximir-se de se empenharem também neste campo, cada qual segundo o próprio carisma e seguindo as indicações da autoridade eclesiástica. A primeira forma de evangelização junto dos irmãos e irmãs de outra religião há-de ser o próprio testemunho de uma vida pobre, humilde e casta, permeada de amor fraterno por todos. Ao mesmo tempo, a liberdade de espírito que é própria da vida consagrada favorecerá aquele «diálo-

248. João Paulo II, Carta enc. *Redemptoris missio* (7 de dezembro de 1990), 55: *AAS* 83 (1991), 302.

go da vida»,[249] no qual se realiza um modelo fundamental de missão e anúncio do Evangelho de Cristo. Para propiciar o conhecimento mútuo, o respeito e a caridade recíproca, os Institutos religiosos poderão ainda cultivar *oportunas formas de diálogo,* caracterizadas por amizade cordial e recíproca sinceridade, com os ambientes monásticos de outras religiões.

Outro âmbito de colaboração com homens e mulheres de tradição religiosa diversa é a *solicitude pela vida humana,* que vai desde a compaixão pelo sofrimento físico e espiritual até ao compromisso pela justiça, a paz e a salvaguarda da criação. Nestes setores, hão-de ser sobretudo os Institutos de vida ativa a procurarem o consenso com os membros de outras religiões, naquele «diálogo das obras»,[250] que prepara o caminho para uma partilha mais profunda.

Um campo especial de eficaz encontro com pessoas de outras tradições religiosas é a *procura e promoção da dignidade da mulher.* Na perspectiva da igualdade e da reta reciprocidade entre o homem e a mulher, um precioso serviço pode ser prestado principalmente pelas mulheres consagradas.[251]

---

249. Pontifício Conselho para o Diálogo Inter-Religioso e Congregação para a Evangelização dos Povos, Instr. *Diálogo e anúncio. Reflexões e orientações* (19 de maio de 1991), 42, a: *AAS* 84 (1992), 428.

250. *Ibid.,* 42, b: *o.c.,* 428.

251. Cf. *propositio* 46.

Estes e outros compromissos das pessoas consagradas a serviço do diálogo inter-religioso exigem uma preparação adequada na formação inicial e na formação permanente, como também no estudo e na pesquisa,[252] uma vez que, neste setor não fácil, é preciso um conhecimento profundo do cristianismo e das outras religiões, acompanhado de fé sólida e de maturidade espiritual e humana.

*Uma resposta de espiritualidade
à busca do sagrado e à nostalgia de Deus*

103. Aqueles que abraçam a vida consagrada, homens e mulheres, colocam-se, pela natureza mesma da sua opção, como interlocutores privilegiados daquela procura de Deus que desde sempre inquieta o coração do homem e o conduz a múltiplas formas de ascese e de espiritualidade. Hoje, em muitas regiões, uma tal procura emerge insistente como resposta a culturas que tendem claramente a marginalizar, se não mesmo a negar, a dimensão religiosa da existência.

As pessoas consagradas, vivendo com coerência e em plenitude os compromissos livremente assumidos, podem oferecer uma resposta aos anseios

252. Cf. Pontifício Conselho para o Diálogo Inter-Religioso e Congregação para a Evangelização dos Povos, Instr. *Diálogo e anúncio. Reflexões e orientações* (19 de maio de 1991), 42, c: *AAS* 84 (1992), 428.

dos seus contemporâneos, que por eles são descartados com soluções a maior parte das vezes ilusórias e freqüentemente negadoras da encarnação salvadora de Cristo (cf. 1Jo 4,2-3), como as que são propostas, por exemplo, pelas seitas. Praticando uma ascese pessoal e comunitária que purifica e transfigura toda a sua existência, as pessoas consagradas testemunham, contra a tentação do egocentrismo e da sensualidade, as características da busca autêntica de Deus, e chamam a atenção para não a confundir com uma sutil busca de si próprios ou com a fuga para a gnose. Cada pessoa consagrada assume a obrigação de cultivar o homem interior, que não se aliena da história nem se fecha sobre si mesmo. Vivendo na escuta obediente da Palavra, de que a Igreja é guardiã e intérprete, ela aponta Cristo sumamente amado e o Mistério Trinitário como o objeto do anseio profundo do coração humano e a meta de todo o itinerário religioso sinceramente aberto à transcendência.

Por isso, as pessoas consagradas têm o dever de oferecer generosamente acolhimento e acompanhamento espiritual a quantos, movidos pela sede de Deus e desejosos de viverem as exigências profundas da sua fé, se lhes dirigem.[253]

---

253. Cf. *propositio* 47.

CONCLUSÃO

A superabundância da gratuidade

104.   Diversos são aqueles que hoje se interrogam perplexos: Por que a vida consagrada? Por que abraçar este gênero de vida, quando existem tantas urgências, no âmbito da assistência e mesmo da evangelização, às quais se pode responder igualmente sem assumir os compromissos peculiares da vida consagrada? Porventura não é a vida consagrada uma espécie de «desperdício» de energias humanas que podiam ser utilizadas, segundo critérios de eficiência, para um bem maior da humanidade e da Igreja?

Estas perguntas são mais freqüentes na nossa época, porque incentivadas por uma cultura utilitarista e tecnocrática que tende a avaliar a importância das coisas e também das pessoas sobre a base da sua «funcionalidade» imediata. Mas sempre existiram interrogações semelhantes, como o demonstra eloqüentemente o episódio evangélico da unção de Betânia: «Maria, tomando uma libra de perfume de nardo puro, de alto preço, ungiu os pés de Jesus, e enxugou-os com os cabelos; e a casa inteira ficou cheia do perfume do bálsamo» (Jo 12,3). A Judas que, tomando como pretexto as necessidades dos pobres, se lamentava por tão grande desperdício, Jesus respondeu: «Deixa-a fazer!» (cf. Jo 12,7).

Esta é a resposta, sempre válida, à pergunta que tantos, mesmo em boa fé, colocam acerca da atualidade da vida consagrada: não se poderia empregar a própria existência, de um modo mais eficiente e racional, para a melhoria da sociedade? Eis a resposta de Jesus: «Deixa-a fazer»!

A quem foi concedido o dom de seguir mais de perto o Senhor Jesus, é óbvio que ele possa e deva ser amado com coração indiviso, que se lhe possa dedicar a vida toda e não apenas alguns gestos, alguns momentos ou algumas atividades. O perfume de alto preço, derramado como puro ato de amor e, por conseguinte, fora de qualquer consideração «utilitarista», é sinal de uma *superabundância de gratuidade,* como a que transparece numa vida gasta para amar e servir o Senhor, a dedicar-se à sua Pessoa e ao seu Corpo Místico. Mas é desta vida «derramada» sem reservas que se difunde um perfume que enche toda a casa. A casa de Deus, a Igreja, é adornada e enriquecida hoje, não menos que outrora, pela presença da vida consagrada.

Aquilo que pode parecer aos olhos dos homens um desperdício, para a pessoa fascinada no segredo do coração pela beleza e bondade do Senhor é uma óbvia resposta de amor, é gratidão e regozijo por ter sido admitida de modo absolutamente especial ao conhecimento do Filho e na partilha da sua missão divina no mundo.

«Se um filho de Deus conhecesse e saboreasse o amor divino, Deus incriado, Deus encarnado, Deus apaixonado, que é o sumo bem, dar-lhe-ia tudo, livrar-se-ia não só das outras criaturas, mas até de si próprio, e, com tudo o que é, amaria este Deus de amor até se transformar todo no Deus-Homem, sumamente Amado».[254]

A vida consagrada a serviço do Reino de Deus

105.   «Que seria do mundo se não existissem os religiosos?»[255] Deixando de lado as avaliações superficiais de funcionalismo, sabemos que a vida consagrada é importante precisamente por ser *superabundância de gratuidade e de amor,* o que se torna ainda mais verdadeiro num mundo que se arrisca a ficar sufocado na vertigem do efêmero. «Sem este sinal concreto, a caridade que anima a Igreja inteira correria o risco de refrear-se, o paradoxo salvífico do Evangelho de atenuar-se, o "sal" da fé de diluir-

254. B. ÂNGELA DE FOLINHO, *O livro da Beata Ângela de Folinho* (Grottaferrata 1985), 683.

255. S. TERESA DE JESUS, *Livro da vida,* c. 32, 11.

se num mundo em fase de secularização».[256] A vida da Igreja e a própria sociedade têm necessidade de pessoas capazes de se dedicarem totalmente a Deus e aos outros por amor de Deus.

A Igreja não pode absolutamente renunciar à vida consagrada, porque esta *exprime de modo eloqüente a sua íntima essência «esponsal».* Nela encontra novo impulso e vigor o anúncio do Evangelho a todo o mundo. Na verdade, há necessidade de quem apresente o rosto paterno de Deus e o rosto materno da Igreja, de quem ponha em jogo a própria vida, para que outros tenham vida e esperança. A Igreja precisa de pessoas consagradas que, ainda antes de se empenharem nesta ou naquela causa nobre, se deixem transformar pela graça de Deus e se conformem plenamente com o Evangelho.

A Igreja inteira tem em suas mãos este grande dom e, numa atitude de gratidão, dedica-se a promovê-lo com o seu apreço, a oração, o convite explícito a acolhê-lo. É importante que Bispos, presbíteros e diáconos, convencidos da excelência evangélica deste gênero de vida, trabalhem para descobrir e amparar os gérmens de vocação, com a pregação, o discernimento e um sábio acompanhamento espiritual. A todos os fiéis, pede-se uma oração constante pelas pessoas consagradas, para que o seu fervor e a sua capacidade de amar aumentem continua-

256. PAULO VI, Exort. ap. *Evangelica testificatio* (29 de junho de 1971), 3: *AAS* 63 (1971), 498.

mente, contribuindo para difundir, na sociedade atual, o bom perfume de Cristo (cf. 2Cor 2,15). Toda a Comunidade cristã — pastores, leigos e pessoas consagradas — é responsável pela vida consagrada, pelo acolhimento e amparo prestado às novas vocações.[257]

À juventude

106.   A vós, jovens, digo: se sentirdes o chamado do Senhor, não o recuseis! Entrai, antes, corajosamente nas grandes correntes de santidade, que foram iniciadas por santas e santos insignes no seguimento de Cristo. Cultivai os anseios típicos da vossa idade, mas aderi prontamente ao projeto de Deus sobre vós, se ele vos convida a procurar a santidade na vida consagrada. Admirai todas as obras de Deus no mundo, mas sabei fixar o olhar sobre aquelas realidades que jamais terão ocaso.

O terceiro milênio aguarda a contribuição da fé e da inventiva de uma multidão de jovens consagrados, para que o mundo se torne mais sereno e capaz de acolher a Deus e, nele, todos os seus filhos e filhas.

257. Cf. *propositio* 48.

Às famílias

107.   Dirijo-me a vós, famílias cristãs. Vós, pais, dai graças a Deus, se ele chamou algum dos vossos filhos à vida consagrada. Deve ser considerada — como sempre o foi — uma grande honra que o Senhor pouse o olhar sobre uma família e escolha algum dos seus membros, convidando-o a abraçar o caminho dos conselhos evangélicos! Cultivai o desejo de dar ao Senhor algum dos vossos filhos para o crescimento do amor de Deus no mundo. Que fruto do amor conjugal poderia ser mais belo do que este?

Importa recordar que, se os pais não vivem os valores evangélicos, dificilmente o jovem e a jovem poderão perceber o apelo, compreender a necessidade dos sacrifícios a enfrentar, apreciar a beleza da meta a atingir. De fato, é na família que os jovens fazem as primeiras experiências dos valores evangélicos, do amor que se dá a Deus e aos outros. Também é necessário que eles sejam educados para o uso responsável da sua liberdade, para estarem dispostos a viver, segundo a própria vocação, das mais altas realidades espirituais.

Rezo por vós, famílias cristãs, para que, unidas ao Senhor pela oração e pela vida sacramental, sejais fecundos viveiros de vocações.

Aos homens e mulheres de boa vontade

108.   A todos os homens e mulheres que quiserem ouvir a minha voz, desejo fazer chegar o convite a procurarem os caminhos que conduzem ao Deus vivo e verdadeiro, mesmo nos itinerários traçados pela vida consagrada. As pessoas consagradas testemunham que «aquele que segue Cristo, o homem perfeito, torna-se mais homem».[258] Quantas delas se debruçaram, e continuam a fazê-lo, como bons samaritanos, sobre as inúmeras feridas dos irmãos e irmãs que encontram pelo caminho!

Olhai para estas pessoas fascinadas por Cristo, que, no seu autodomínio, sustentado pela graça e pelo amor de Deus, apontam o remédio contra a avidez do ter, do prazer, e do poder.

Não esqueçais os carismas que plasmaram maravilhosos «perscrutadores de Deus» e benfeitores da humanidade, que abriram caminhos seguros para quantos procuram Deus de coração sincero. Considerai o grande número de santos criados neste gênero de vida, considerai o bem feito ao mundo, ontem e hoje, por quem se dedicou a Deus! Porventura este nosso mundo não tem necessidade de radiosas testemunhas e verdadeiros profetas da força benfazeja do Amor de Deus? Não tem ele necessidade

258. Conc. Ecum. Vat. II, Const. past. sobre a Igreja no mundo contemporâneo *Gaudium et spes,* 41.

também de homens e mulheres que, com a sua vida e a sua ação, saibam espalhar sementes de paz e de fraternidade?[259]

Às pessoas consagradas

109. Mas é sobretudo a vós, mulheres e homens consagrados, que no final desta Exortação dirijo o meu apelo confiante: vivei plenamente a vossa dedicação a Deus, para não deixar faltar a este mundo um raio da beleza divina que ilumine o caminho da existência humana. Os cristãos, imersos nas lides e preocupações deste mundo, mas chamados eles também à santidade, têm necessidade de encontrar em vós corações puros que, na fé, «vêem» a Deus, pessoas dóceis à ação do Espírito Santo que caminham diligentes na fidelidade ao carisma da sua vocação e missão.

Como bem sabeis, abraçastes um caminho de conversão contínua, de dedicação exclusiva ao amor de Deus e dos irmãos, para testemunhar de modo cada vez mais esplendoroso a graça que transfigura a existência cristã. O mundo e a Igreja procuram autênticas testemunhas de Cristo. E a vida consagrada é um dom oferecido por Deus para que seja colocada

259. Cf. Paulo VI, Exort. ap. *Evangelica testificatio* (29 de junho de 1971), 53: *AAS* 63 (1971), 524; Exort. ap. *Evangelii nuntiandi* (8 de dezembro de 1975), 69: *AAS* 68 (1976), 59.

à vista de todos a «única coisa necessária» (cf. Lc 10,42). Dar testemunho de Cristo com a vida, com as obras e com as palavras, é missão peculiar da vida consagrada na Igreja e no mundo.

Vós sabeis em quem pusestes a vossa confiança (cf. 2Tm 1,12): dai-lhe tudo! Os jovens não se deixam enganar: quando vêm ter convosco, querem ver aquilo que não vêem mais em parte alguma. Tendes uma responsabilidade imensa no que diz respeito ao amanhã: especialmente os jovens consagrados, testemunhando a sua consagração, podem induzir os da sua idade à renovação da própria vida.[260] O amor apaixonado por Jesus Cristo é uma atração poderosa sobre os outros jovens, que ele, na sua bondade, chama a segui-lo de perto e para sempre. Os nossos contemporâneos querem ver, nas pessoas consagradas, a alegria que brota do fato de estar com o Senhor.

Pessoas consagradas, idosas e jovens, vivei a fidelidade ao vosso compromisso com Deus, na mútua edificação e apoio recíproco. Não obstante as dificuldades que às vezes poderíeis ter encontrado e a diminuição do apreço pela vida consagrada em certa opinião pública, vós tendes a tarefa de convidar novamente homens e mulheres do nosso tempo a olharem para o alto, a não se deixarem submergir pelas coisas de cada dia, mas a se deixarem fascinar por Deus e pelo Evangelho do seu Filho. Não esqueçais

260. Cf. *propositio* 16.

que vós, de modo muito particular, podeis e deveis dizer não só que sois de Cristo, mas que «vos tornastes Cristo».[261]

Olhar para o futuro

110.   Vós não tendes apenas uma história gloriosa para recordar e narrar, mas *uma grande história a construir!* Olhai o futuro, para o qual vos projeta o Espírito a fim de realizar convosco ainda grandes coisas.

Fazei da vossa vida uma ardente expectativa de Cristo, indo ao encontro dele como virgens prudentes que vão ao encontro do Esposo. Permanecei sempre disponíveis, fiéis a Cristo, à Igreja, ao vosso Instituto e ao homem do nosso tempo.[262] Deste modo, sereis renovados por ele, dia após dia, para construir com o seu Espírito comunidades fraternas, para com ele lavar os pés dos pobres e dar a vossa insubstituível contribuição para a transfiguração do mundo.

Este nosso mundo confiado às mãos do homem, enquanto vai entrando no novo milênio, possa tornar-se cada vez mais humano e justo, sinal e ante-

261. S. Agostinho, *In Ioannis Evang.,* XXI, 8: *PL* 35, 1568.

262. Cf. Congregação para os Religiosos e os Institutos Seculares, Doc. *Religiosos e promoção humana* (12 de agosto de 1980), 13-31: *L'Osservatore Romano* (ed. portuguesa: 18 de janeiro de 1981), 7.

cipação do mundo futuro, onde ele, o Senhor humilde e glorioso, pobre e triunfante, será a alegria plena e duradoura para nós e para os nossos irmãos e irmãs, com o Pai e o Espírito Santo.

Oração à Trindade

111.   Santíssima Trindade, beata e beatificante, tornai felizes os vossos filhos e filhas que chamastes para confessarem a grandeza do vosso amor, da vossa bondade misericordiosa e da vossa beleza.

Pai Santo, santificai os filhos e filhas que se consagraram a vós, para a glória do vosso nome. Acompanhai-os com o vosso poder, para que possam testemunhar que vós sois a Origem de tudo, a única fonte do amor e da liberdade. Agradecemo-vos o dom da vida consagrada, que na fé vos procura e, na sua missão universal, convida a todos a caminharem para vós.

Jesus Salvador, Verbo Encarnado, tendo entregue a vossa forma de vida àqueles que chamastes, continuai a atrair para vós pessoas que sejam, para a humanidade do nosso tempo, depositárias de misericórdia, prenúncio do vosso regresso, sinal vivo dos bens da ressurreição futura. Que nenhuma tribulação os separe de vós e do vosso amor!

Espírito Santo, Amor derramado nos corações, que concedeis graça e inspiração à mente, Fonte perene de vida, que levais a cabo a missão de Cristo com os numerosos carismas, nós vos pedimos por todas as pessoas consagradas. Enchei o seu coração com a certeza íntima de terem sido escolhidas para amar, louvar e servir. Fazei-lhes saborear a vossa amizade, cumulai-as da vossa alegria e do vosso conforto, ajudai-as a superarem os momentos de dificuldade e a levantarem-se confiadamente depois das quedas, tornai-as espelho da beleza divina. Dai-lhes a coragem de enfrentar os desafios do nosso tempo e a graça de levarem aos homens a bondade e o amor do nosso Salvador Jesus Cristo (cf. Tt 3,4).

Prece à Virgem Maria

112.   Ó Maria, figura da Igreja, Esposa sem ruga nem mancha, que imitando-vos «conserva virginalmente (...) uma fé íntegra, uma sólida esperança e uma verdadeira caridade»,[263] amparai as pessoas consagradas na busca da eterna e única Bem-aventurança.

Confiamo-las a vós, Virgem da Visitação, para que saibam correr ao encontro das necessidades humanas, para levarem ajuda, mas sobretudo para levarem Jesus. Ensinai-lhes a proclamar as maravilhas que o Senhor realiza no mundo, para que todos os povos glorifiquem o seu nome. Sustentai-as na sua

263. Conc. Ecum. Vat. II, Const. dogm. sobre a Igreja *Lumen gentium,* 64.

ação em favor dos pobres, dos famintos, dos desesperados, dos últimos e de todos aqueles que procuram o vosso Filho com coração sincero.

A vós, Mãe, que quereis a renovação espiritual e apostólica dos vossos filhos e filhas na resposta de amor e dedicação total a Cristo, dirigimos confiantes a nossa oração. Vós que fizestes a vontade do Pai, pronta na obediência, corajosa na pobreza, acolhedora na virgindade fecunda, alcançai do vosso divino Filho que, todos os que receberam o dom de o seguir na vida consagrada, saibam testemunhá-lo com uma existência transfigurada, caminhando jubilosamente, com todos os outros irmãos e irmãs, para a pátria celeste e para a luz que não conhece ocaso.

Nós vo-lo pedimos, para que, em todos e em tudo, seja glorificado, bendito e amado o Supremo Senhor de todas as coisas que é Pai, Filho e Espírito Santo.

Dado em Roma, junto de S. Pedro, no dia 25 de março, Solenidade da Anunciação do Senhor, do ano 1996, décimo oitavo de Pontificado.

Joannes Paulus PP. II

INDICE

INTRODUÇÃO	5
2. Ação de graças pela vida consagrada	6
3. A vida consagrada, dom à Igreja	7
4. Recolhendo os frutos do Sínodo	9
5. A obra do Espírito, nas várias formas de vida consagrada	10
6. Vida monástica no Oriente e no Ocidente	11
7. A Ordem das virgens, os eremitas, as viúvas	14
8. Institutos inteiramente dedicados à contemplação	15
9. A vida religiosa apostólica	16
10. Os Institutos seculares	17
11. As Sociedades de Vila Apostólica	19
12. Novas expressões de vida consagrada	19
13. Finalidade da Exortação Apostólica	21

CAPÍTULO I
CONFESSIO TRINITATIS

NAS FONTES CRISTOLÓGICO-TRINITÁRIAS
DA VIDA CONSAGRADA

14. O ícone de Cristo transfigurado	25
15. «Transfigurou-se diante deles»	27
16. «Este é o meu Filho muito amado: escutai-o!»	29

I. EM LOUVOR DA TRINDADE

17. A Patre ad Patrem: a iniciativa de Deus	32
18. Per Filium: seguindo os passos de Cristo	33
19. *In Spiritu:* consagrados pelo Espírito Santo	35
20. Os conselhos evangélicos, dom da Trindade	37
21. Nos conselhos, o reflexo da vida trinitária	38
22. Consagrados, como Cristo, para o Reino de Deus	40

II. DA PÁSCOA AO CUMPRIMENTO DEFINITIVO

23. Do Tabor ao Calvário	42
24. Dimensão pascal da vida consagrada	44
25. Testemunhas de Cristo no mundo	45
26. Dimensão escatológica da vida consagrada	48
27. Uma esperança ativa: compromisso e vigilancia	50
28. A Virgem Maria, modelo de consagração e seguimento	51

III. NA IGREJA E PARA A IGREJA

29. «É bom estarmos aqui»: a vida consagrada no mistério da Igreja	54
30. A nova e especial consagração	55
31. As relações entre os vários estados de vida do cristão	58
32. O valor especial da vida consagrada	60
33. Testemunhar o Evangelho das bem-aventuranças	63
34. Imagem viva da Igreja-Esposa	64

IV. GUIADOS PELO ESPÍRITO DE SANTIDADE

35. Existência «transfigurada»: a vocação à santidade	66
36. Fidelidade ao carisma	69
37. Fidelidade criativa	71
38. Oração e ascese: o combate espiritual	72
39. Promover a santidade	75
40. «Levantai-vos e não tenhais medo»: uma renovada confiança	76

CAPÍTULO II
SIGNUM FRATERNITATIS

A VIDA CONSAGRADA,
SINAL DE COMUNHÃO NA IGREJA

I. VALORES PERMANENTES

41. A imagem da Trindade	79
42. Vida fraterna no amor	81
43. A função da autoridade	84

44. O papel das pessoas idosas 85
45. À imagem da comunidade apostólica 86
46. *Sentire cum Ecclesia* 87
47. A fraternidade na Igreja universal 90
48. A vida consagrada e a Igreja particular 92
49. Uma comunhão eclesial fecunda e ordenada 94
50. Um diálogo constante, animado pela caridade 96
51. A fraternidade num mundo dividido e injusto 97
52. Comunhão entre os diversos Institutos 99
53. Organismos de coordenação 100
54. Comunhão e colaboração com os leigos 103
55. Para um renovado dinamismo espiritual e apostólico 104
56. Leigos voluntários e associados 105
57. A dignidade e o papel da mulher consagrada 107
58. Novas perspectivas de presença e ação 109

II. CONTINUIDADE NA OBRA DO ESPÍRITO:
FIDELIDADE NA NOVIDADE

59. As monjas de clausura 111
60. Os religiosos irmãos 115
61. Institutos mistos 119
62. Novas formas de vida evangélica 119

III. OLHANDO PARA O FUTURO

63. Dificuldades e perspectivas 123
64. Novo ardor da pastoral vocacional 126
65. O dever da formação inicial 129
66. A tarefa dos formadores e formadoras 131
67. Uma formação comunitária e apostólica 132
68. Necessidade de uma *ratio* completa e atualizada 134
69. A formação permanente 135
70. Num dinamismo de fidelidade 136
71. Dimensões da formação permanente 140

CAPÍULO III
SERVITIUM CARITATIS

A VIDA CONSAGRADA,
EPIFANIA DO AMOR DE DEUS NO MUNDO

72. Consagrados para a missão	143
73. A serviço de Deus e do homem	145
74. Colaboração eclesial e espiritualidade apostólica	147

I. O AMOR ATÉ O FIM

75. Amar com o coração de Cristo	149
76. Contribuição específica da vida consagrada para a evangelização	152
77. A primeira evangelização: anunciar Cristo aos povos	153
78. Presentes em todos os cantos da terra	154
79. Anúncio de Cristo e inculturação	157
80. A inculturação da vida consagrada	159
81. A nova evangelização	161
82. A predileção pelos pobres e a promoção da justiça	163
83. O cuidado dos doentes	166

II. UM TESTEMUNHO PROFÉTICO
FACE AOS GRANDE DESAFIOS

84. O profetismo da vida consagrada	169
85. A sua importância para o mundo contemporâneo	171
86. Uma fidelidade até o martírio	172
87. Os grandes desafios da vida consagrada	173
88. O desafio da castidade consagrada	174
89. O desafio da pobreza	176
90. A pobreza evangélica a serviço dos pobres	177
91. O desafio da liberdade na obediência	179
92. Cumprir juntos a vontade do Pai	180
93. Um compromisso decidido de vida espiritual	182
94. À escuta da Palavra de Deus	184
95. Em comunhão com Cristo	187

III. ALGUNS AREÓPAGOS DA MISSÃO

96. Presença no mundo da educação	189
97. Necessidade de renovado empenho no campo educativo	191
98. Evangelizar a cultura	192
99. Presença no mundo da comunicação social	195

IV. EMPENHADOS NO DIÁLOGO COM TODOS

100. A serviço da unidade dos cristãos	197
101. Formas de diálogo ecumênico	198
102. O diálogo inter-religioso	200
103. Uma resposta de espiritualidade à busca do sagrado e à nostalgia de Deus	202

CONCLUSÃO	205

104. A superabundância da gratuidade	205
105. A vida consagrada a serviço do Reino de Deus	207
106. À juventude	209
107. Às famílias	210
108. Aos homens e mulheres de boa vontade	211
109. Às pessoas consagradas	212
110. Olhar para o futuro	214
111. Oração à Trindade	215
112. Prece à Virgem Maria	216

Rua Dona Inácia Uchoa, 62
04110-020 – São Paulo – SP (Brasil)
Tel.: (11) 2125-3500
paulinas.com.br – editora@paulinas.com.br
Telemarketing e SAC: 0800-7010081